Märchen
aus aller welt

Als der Vater der Schönen eine Rose stiehlt,
wird er von dem wütenden Tier überrascht.

MÄRCHEN
AUS ALLER WELT

Nacherzählt von
NEIL PHILIP

Illustriert von
NILESH MISTRY

DORLING KINDERSLEY
London • New York • München • Paris

 DORLING KINDERSLEY

für
CORTINA UND ROSIE

Bildredaktion Jacquie Gulliver
Lektorat Alastair Dougall
Gestaltung Robin Hunter
DTP-Design Nicola Studdart
Textrecherche Robert Graham, Natasha Billing
Bildrecherche Sharon Southren, Christine Rista, Kate Duncan
Herstellung Josie Alabaster, Louise Barratt
Chefbildlektorat Peter Bailey
Cheflektorat Anna Kruger

Die Deutsche Bibliothek – CIP-Einheitsaufnahme

Ein Titeldatensatz für diese Publikation ist bei
Der Deutschen Bibliothek erhältlich.

Titel der englischen Originalausgabe:
The Illustrated Book of Fairy Tales

© Dorling Kindersley Limited, London, 1997
Text © Neil Philip
Illustration © Nilesh Mistry

© der deutschsprachigen Ausgabe by Dorling Kindersley Verlag GmbH, München, 2001
Alle deutschsprachigen Rechte vorbehalten

In neuer Rechtschreibung

Übersetzung Cornelia Panzacchi
Redaktion Kerstin Wendsche

Druck und Bindung Artes Gráficas Toledo, Spanien
D.L. TO: 965-2001
ISBN 3-8310-0217-7

Besuchen Sie uns im Internet
www.dk.com

Inhalt

Einleitung	8
Geschichte des Märchens	10
Die Märchenerzähler	14

Verzaubert

Dornröschen
Deutschland 18

Der Verwandler
Kenia 22

Kleiner Ein-Zoll
Japan 23

Der Froschkönig
Deutschland 24

Die lahme Füchsin
Tschechien 26

In „Der Froschkönig" wirft die Prinzessin einen Frosch an die Wand – und erlebt eine schöne Überraschung.

Die Seele und das Herz des Wals *Inuit* 34

Die Schöne und das Tier
Frankreich 36

Drei Zauberorangen
Costa Rica 42

Urashima und die Schildkröte *Japan* 44

Warum das Meer seufzt
Brasilien 46

In „Rapunzel" schneidet die Hexe dem Mädchen das lange Haar ab.

In „Die Tür des Herzens" ist die Liebe ein Versteckspiel.

Jamie Freel und die junge Dame *Irland* 29

Die unbekannte Schwester
Surinam 32

Schätze & Lumpen

Rumpelstilzchen
Deutschland 52

Grille, der Wahrsager
Trinidad 55

Mushkil Gusha
Iran 56

Ich aß das Brot
Spanien 59

In „Rotkäppchen" sieht die Großmutter ziemlich komisch aus.

In „Das Mädchen, das Perlen auskämmte" schneidet ein Koch einem toten Wal den Bauch auf und ein Mädchen klettert heraus.

Das Mädchen, das Perlen auskämmte ▪ *Portugal*   60

Das ist gelogen!
▪ *Norwegen*   62

Das Boot, das über Land fuhr ▪ *Nordamerika*   64

Fauler Jack
▪ *England*   66

Prinz Nesseln
▪ *Ungarn*   68

Die Fliege
▪ *Vietnam*   70

Die endlose Geschichte
▪ *England*   71

Die zertanzten Schuhe
▪ *Kap Verde*   72

Der wunderbare Brokat
▪ *China*   74

Wie gewonnen, so zerronnen ▪ *Niederlande*   78

Von dem Fischer und seiner Frau ▪ *Deutschland*   80

Das arme Mädchen, das Königin wurde ▪ *Irland*   83

Heldinnen & Helden

Rotkäppchen
▪ *Deutschland*   88

Das Tanzende Wasser
▪ *Italien*   90

Das Mädchen, das sich als Junge ausgab ▪ *Rumänien*   94

Krähenmann
▪ *Jamaika*   98

Kahukura und die Feennetze ▪ *Maori*   100

In „Die Fliege" hat die Vereinbarung einen ungewöhnlichen Zeugen.

Der Dämon im Krug
▪ *Juden*   102

Baba Jaga
▪ *Russland*   104

Der Fliegende Kopf
 Indianer   106

Jack und die Bohnen-
ranke *England*   107

Eine magische Flöte
 Australien   112

Blaubart
 Frankreich   114

Die Zwillingsbrüder
 Kongo   118

Wettessen mit einem
Troll *Norwegen*   120

Schneewittchen
 Deutschland   122

In „Baba Jaga" flieht ein Mädchen vor einer unerbittlichen Hexe.

In „Rumpelstilzchen" hilft ein kleines Männchen einem Mädchen, Stroh zu Gold zu spinnen.

Wahre Liebe

Aschenputtel
 Frankreich   128

Rapunzel
 Deutschland   132

Die Tür des Herzens
 Finnland   135

Der Mann von Wastness
 Schottland   138

Der Schlangenprinz
 Indien   140

Sternenjunge
 Indianer   144

Die Schneefrau
 Japan   147

Der schlafende Prinz
 Griechenland   148

Iwan und der Feuervogel
 Russland   150

Der schwarze Stier von
Norwegen *Schottland*   154

Register   158

In „Das arme Mädchen, das Königin wurde" zeigen ein armes Mädchen und ein Fischer einem König, dass er ein Dummkopf ist.

EINLEITUNG

Einleitung

DIE KLASSISCHEN Märchen – „Aschenputtel", „Schneewittchen", „Rotkäppchen" – gehören zu den ersten Geschichten, die wir als Kinder kennen lernen. Diese Erzählungen voller Wunder ziehen uns in ihren Bann – oft fürs ganze Leben.

Wenn wir am Ende eines Märchens erfahren, dass seine Helden „glücklich bis an ihr Lebensende" blieben, glauben wir das gerne. Der Optimismus der Märchen, in denen das Gute über das Böse siegt und der Bescheidene über den Eingebildeten, schenkt allen Hoffnung, die sie lesen und hören. Aber Märchen sind mehr als Fantasien erfüllter Wünsche. Ihre Heldinnen und Helden erringen ihr Glück erst, wenn sie eine Reihe von Prüfungen überwunden haben, und erfahren nicht nur Freude, sondern auch Leid. J. R. R. Tolkien, der Autor des *Herrn der Ringe* schrieb darüber einmal: „Das Reich der Märchen ist … von vielen Dingen erfüllt: Man findet Tiere und Vögel aller Art, uferlose Meere und ungezählte Sterne; Schönheit, die verzaubert und gleichzeitig eine ständige Gefahr darstellt; und sowohl Freude als auch tiefsten Schmerz."

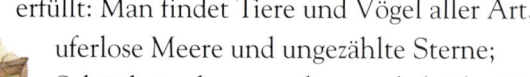
Aschenputtel wird wie eine Dienstmagd behandelt.

DIE AUSWAHL

Die für dieses Buch ausgewählten Märchen sind *alle* Volksmärchen; von Schriftstellern wie Hans Christian Andersen erdachte so genannte Kunstmärchen wurden nicht in diese Sammlung aufgenommen. Wir stellen hier klassische Märchen, die durch europäische Autoren wie Charles Perrault und die Brüder Grimm berühmt gemacht wurden, neben bei uns weniger bekannten aus vielen verschiedenen Kulturen vor.

Bevor Märchen in Bücher aufgenommen wurden, waren sie jahrhundertelang an Herden und Lagerfeuern in aller Welt erzählt worden. Früher konnten sehr viele Menschen nicht lesen; deshalb hatten die Geschichten für sie einen hohen Stellenwert als Mittel der Unterhaltung und Bildung. Mit Märchen wie „Rotkäppchen" warnten Eltern ihre Kinder davor, mit Fremden zu sprechen. Wenn die Kinder erwachsen waren, erzählten sie das Märchen ihren Kindern. So wurden die Geschichten von einer Generation an die nächste weitergegeben.

Der Frosch bietet der Prinzessin an, ihre Kugel zu suchen.

Beim Anblick des Rotkäppchens leckt der Wolf sich das Maul.

Einleitung

Soliday tötet den Krähenmann.

Die Märchen in diesem Buch wurden in Gruppen eingeteilt, die anschaulich zeigen, dass es überall in der Welt um ähnliche Themen geht. Jedes Märchen wird durch Abbildungen illustriert, in denen Landschaft, Bekleidung, Architektur und Gegenstände der jeweiligen Kultur und Epoche vorgestellt und erläutert werden.

Geschichten zum Erzählen

Märchen sollen mit anderen geteilt werden. Es gibt eine alte koreanische Geschichte von einem Jungen, der gerne Geschichten hörte, sie aber selbst nie anderen erzählte. Er hortete Geschichten, wie ein Geizkragen Geld. Jedes Mal, wenn er eine neue kennen lernte, steckte er ihren Geist in einen alten Beutel, der bald prall gefüllt war.

Als aus dem Jungen ein Mann geworden war, der heiraten sollte, hörte sein Diener am Morgen der Hochzeit aus dem Beutel Geflüster. Die gefangenen Geister der Geschichten schimpften untereinander. „Wir ersticken hier drin. Aber kümmert es ihn? Heute ist endlich der Tag gekommen, an dem wir uns rächen können!"

Ein Geist meinte, dass ein Busch mit vergifteten Erdbeeren den jungen Mann auf seinem Weg zur Hochzeit in Versuchung bringen werde. Ein anderer hoffte, er werde sich an einem rot glühenden Schürhaken verbrennen. Ein Dritter ergänzte, dass, wenn alles andere fehlschlug, eine giftige Schlange den Mann in der Brautkammer beißen werde! Da der Diener alles gehört hatte, konnte er die Unfälle verhindern. Nachdem er die Schlange geköpft hatte, erzählte er seinem Herrn von der Verschwörung der Geister der Geschichten. „Es ist unnatürlich, sie so einzusperren", sagte er. „Du musst sie freilassen." Der junge Mann erkannte seinen Fehler und ließ die Geister frei. Und von diesem Tag an erzählte er seine Geschichten jedem, der sie hören wollte.

Kleiner Ein-Zoll wird zu einem stattlichen Samurai.

Märchen für ein Buch niederzuschreiben ist ein bisschen so, wie sie in einen Beutel zu stecken. Man bringt sie in Gefahr, zu ersticken. Öffnet also das Buch und lasst die Geschichten frei!

EINLEITUNG

Geschichte des Märchens

MÄRCHEN WERDEN SEIT URZEITEN erzählt. Ein Papyrus aus der Zeit um 1700 v. Chr. verrät uns, dass Pharao Cheops, der Erbauer von Ägyptens größter Pyramide, Märchen liebte. Die erhalten gebliebenen Märchen des alten Ägyptens weisen zahlreiche auffällige Ähnlichkeiten mit modernen Geschichten auf. Eine davon, „Anpu und Bata", hat viel mit dem kongolesischen Märchen „Die Zwillingsbrüder" gemein, das wir in diesem Buch vorstellen. Dessen Handlung wiederum erinnert an das deutsche Märchen „Die Goldkinder", das von den Brüdern Grimm aufgezeichnet wurde, sowie an weitere Märchen aus Russland, Griechenland, Italien, Irland, Chile und anderen Ländern.

Märchen gibt es überall auf der Welt – bei den Deutschen wie bei den Inuit, den Amerikanern und den Ainu. Viele sind offensichtlich sehr alt, weil die gleichen Handlungen und Motive bei Kulturen verschiedener Kontinente auftauchen. Alte Märchen werden aber auch immer wieder neu erzählt. In gewisser Weise ähneln Märchen

Die zeitlose, traumähnliche Bilderwelt des Märchens, dargestellt von John Anster in Der Stoff, aus dem die Träume sind.

Geschichte des Märchens

Magische Verwandlungen sind ein Schlüsselelement von Märchen. Diese Studie eines Mannes, der zum Frosch wird, stammt von Jean Grandville.

Beinahe die wichtigste Zutat des Märchens aber ist die Magie, die einen Kürbis in eine Kutsche verwandelt, eine Prinzessin in hundertjährigen Schlaf versetzt oder einem Prinzen die Gestalt eines Tieres gibt. Sie steht für die menschliche Fantasie, in der es genügt, etwas zu *denken*, damit es wahr wird.

Im „Froschkönig" wird aus einem glitschigen Frosch ein schöner Prinz, während sich „Die lahme Füchsin" nacheinander in ein goldenes Mädchen, ein goldenes Pferd und einen goldenen Apfel verwandelt.

In „Baba Jaga" wirft ein Mädchen, das vor einer Hexe flieht, ein Handtuch hinter sich. Es wird zu einem breiten Fluss. Als dies

unseren Träumen, denn sie bewegen sich mit der gleichen magischen Geschwindigkeit von Szene zu Szene und bringen den Leser oder Zuhörer blitzschnell an Orte, an denen buchstäblich alles geschehen kann. Haben wir einmal die Schwelle des „Es war einmal ..." überschritten, befinden wir uns

In Märchen kann die Landschaft ein Eigenleben entwickeln. Dieses Bild stammt von einem anonymen holländischen Künstler (16. Jh.).

in einer Welt, in der die Wirklichkeit Kopf steht: Tiere können nicht nur sprechen, sondern sind wie „Der gestiefelte Kater" klüger als Menschen.

Einfache Burschen wie der Aschenjunge aus „Wettessen mit einem Troll" werden zu unbesiegbaren Helden, die erstaunliche Taten vollbringen. Am Ende der rumänischen Geschichte „Das Mädchen, das sich als Junge ausgab" wird aus der Heldin sogar ein Held, der die Prinzessin heiratet.

Der Held des „Wunderbaren Brokat" reitet auf einem Zauberpferd ins Reich der Feen.

die Hexe nicht aufhält, wirft es einen Kamm, der sich in einen dichten Wald verwandelt, durch den die Hexe kaum hindurchkommt. So kann sich das Mädchen in die Hütte ihres Vaters flüchten.

Der Grund für die stetige Beliebtheit der Märchen liegt

Sprechende Tiere sind in Märchen nichts Ungewöhnliches. Eine Illustration zu „Der gestiefelte Kater" von Warwick Goble.

EINLEITUNG

darin, dass sie unser Vorstellungsvermögen und unsere Herzen so direkt ansprechen. Der Einfluss klassischer Märchen wie „Blaubart", „Aschenputtel" und „Der Froschkönig" zeigt sich nicht nur immer wieder in Filmen, Romanen und Gedichten, sondern sogar in der Werbung.

GERECHTIGKEIT IM MÄRCHEN

Die wirkliche Welt ist selten fair, im Märchen aber werden fast immer die Guten belohnt und die Bösen bestraft. Nicht einmal der Tod vermag sich einem wohlverdienten glücklichen Ende in den Weg zu stellen. Obwohl es zuerst so scheint, als habe die Königin Schneewittchen mit einem vergifteten Apfel getötet, wird die Heldin wieder lebendig, als der vergiftete Bissen aus ihrem Mund fällt. Sie heiratet den Prinzen und die böse Königin erhält die verdiente Strafe.

Der tapfere heilige Georg rettet die Prinzessin vor einem Drachen. Diese klassische Darstellung märchenhafter Ritterlichkeit wird Altichieri zugeschrieben (14. Jh.).

Der Gedanke, dass es im Leben eine natürliche Gerechtigkeit gibt, macht einen wichtigen Teil des Reizes der Märchen aus. Wir lieben sie aber auch, weil sie spannend sind. Wir gruseln uns vor den Ungeheuern und Riesen, leiden mit den Hel-

Eine Fee wie das Gänsemütterchen (hier gemalt von Arthur Rackham) verkörpert die Güte.

Das Böse kann – wie hier von Hans Thoma – als hässliche Hexe dargestellt werden, deren Zaubertränke Verderben bringen.

Geschichte des Märchens

Märchenhelden können Prinzen sein oder auch arme Leute – wie der norwegische Aschenjunge; hier auf dem Stich von Theodor Kittlesen ärgert er gerade den Troll.

Gruslige Wesen wie dieser Dschinn, gemalt von René Bull, machen einen großen Teil des Reizes der Märchen aus.

dinnen und Helden und freuen uns, wenn alles gut ausgeht. Am faszinierendsten aber sind die Wunder und jene, die sie wirken.

„Das gute Volk"

Feen spielen in den Geschichten zahlreicher Kulturen eine Rolle und besonders im ländlichen Raum war der Glaube an sie einst stark verbreitet. Es hieß, Feen seien Geister, gefallene Engel oder die Nachkommen jener Kinder, die Eva im Schatten vor Gott verbarg; oder aber die Überlebenden einer ansonsten ausgestorbenen Art von Lebewesen. Man glaubte, dass sie den Menschen nicht sehr zugetan seien und jede Beleidigung furchtbar rächen würden. Zum Zeichen ihres Respekts nannten die Leute sie „Das gute Volk".

Am 14. Oktober 1892 besuchte der irische Dichter W. B. Yeats einen Ort, an dem sich Feen aufhalten sollten und rief sie an. Am nächsten Tag schrieb er: „Plötzlich war ein Lärm, als ob kleine Leute im Herzen des Felsens jubelten & mit den Füßen stampften. Dann kam die Königin der Gruppe – ich konnte sie sehen – & unterhielt sich lange mit uns & schrieb schließlich in den Sand: ,Seid vorsichtig & versucht nicht, zu viel über uns herauszufinden.'"

Diese Warnung sollten auch all jene beherzigen, die Feen oder Zaubermärchen keine Achtung entgegenbringen. Trotz der unzähligen wissenschaftlichen Theorien über ihre verborgenen Bedeutungen sind die Märchen immer noch lebendig – und die Feen möglicherweise auch.

Die Feen sind immer um uns. Eine typische Darstellung der Feen aus Shakespeares Mittsommernachtstraum, *gemalt von William Blake.*

EINLEITUNG

Die Märchenerzähler

MÄRCHEN SIND ein lebendiges Gut der Menschheit. Früher, als nur wenige Menschen lesen und schreiben konnten, erzählten sie sich die Märchen. Auf diese Weise wurden sie an die nächste Generation weitergegeben. Später, als viele Kinder in die Schule gingen und immer mehr Familien in die Städte zogen, schien die Zeit des Geschichtenerzählens vorbei zu sein. Dafür begann das Zeitalter der Geschichtensammler, die aufzeichneten, was sie von Märchenerzählern hörten. Obwohl sich manche Märchen im Lauf der Zeit verändert haben, begeistern sie noch heute junge Zuhörer in aller Welt, und manchmal lehren sie sie auch das Gruseln. Ihre Zauberkraft entfaltet sich, wenn Eltern ihren Kindern Märchen vorlesen oder wenn ein schöner Märchenfilm wie Walt Disneys *Schneewittchen und die sieben Zwerge* die ganze Familie in seinen Bann zieht. Ähnlich fasziniert waren die Kinder früher, wenn die Großeltern am Kamin ihr Garn spannen und der Widerschein des Feuers unruhige Schatten an die Wände warf.

Umschlagillustration einer französischen Ausgabe von Charles Perraults Märchen (frühes 20. Jh.).

CHARLES PERRAULT

Die erste moderne Veröffentlichung von Märchen waren die 1697 erschienenen *Histoires, ou Contes du Temps passé* des Franzosen Charles Perrault (1628–1703). Der Literat und Beamte am Hof Ludwigs XIV. gab sich damals nicht als Autor zu erkennen, sondern nannte seinen halbwüchsigen Sohn Pierre als Verfasser. Die acht darin enthaltenen Märchen, u.a. „Cendrillon", „Die Schöne, die im Walde schlief", „Rotkäppchen", „Der gestiefelte Kater" und „Blaubart" weckten beim Publikum die Freude an fantasievollen Geschichten.

Früher versammelte sich die Familie am Kamin, wenn Großmutter eine Geschichte erzählte: Märchen in einer Winternacht *von Daniel Maclise.*

Die Märchenerzähler

Links: Die Brüder Grimm: Wilhelm (links) und Jacob. Eine großzügige Tante finanzierte die Ausbildung der beiden Waisen.

Rechts: Auf dem Umschlag einer deutschen Sammlung der Grimm'schen Märchen sind Schneewittchen und die sieben Zwerge abgebildet.

Die Brüder Grimm

Im frühen 19. Jh. folgte das deutsche Brüderpaar Wilhelm (1786–1859) und Jacob (1785–1863) Grimm Perraults Beispiel und begann von Verwandten und Freunden erzählte Märchen zu sammeln. Wilhelms spätere Ehefrau Dortchen Wild steuerte über ein Dutzend Geschichten bei, darunter „Rumpelstilzchen", und von Jeannette und Amalie Hassenpflug, zwei Freundinnen der Familie, stammt „Schneewittchen". Die Brüder Grimm entdeckten eine 50-jährige Erzählerin namens Dorothea Viehmann, die ihnen viele Märchen vortrug, u. a. „Die Zwölf Brüder" (ähnlich dem Märchen „Die unbekannte Schwester" in diesem Buch). Schon bald eroberten die *Kinder- und Hausmärchen* der Brüder Grimm die Herzen der Kinder in ganz Europa.
Ihr Erfolg ermutigte andere, die reichen volkskundlichen Überlieferungen auf allen Kontinenten für die Nachwelt zu erhalten.

Hans Christian Andersen

Durch die Brüder Grimm fühlten sich auch viele Dichter angeregt, sich märchenhafte Geschichten auszudenken. Der berühmteste von ihnen ist Hans Christian Andersen (1805–1875). Als armer Schustersohn wuchs er in einem Krankenhaus in Odense (Dänemark) auf; hier hörte er den alten Frauen zu, die beim Spinnen Märchen erzählten. Andersens Geschichten – zu ihnen gehören „Das hässliche Entlein" und „Die Schneekönigin" – sind so genannte Kunstmärchen und daher nicht in dieser Sammlung enthalten.

Hans Christian Andersen, gemalt von Albert Küchler.

Gute Erzähler sind zwar selten geworden,

Seit den Dreißigerjahren machen Walt Disneys Zeichentrickfilme Kinder mit Märchen bekannt; ein Ausschnitt aus Dornröschen.

können aber immer noch ihr Publikum fesseln; heute hören wir Märchen auch im Radio und auf CD, lesen sie in Büchern und sehen Märchenfilme. Und immer noch ziehen uns die Märchen aus alten Tagen in ihren Bann.

Verzaubert

Viele Märchenfiguren sind verzaubert – wie das Tier in „Die Schöne und das Tier". Durch Magie verwandelt, nehmen viele von ihnen eine andere Gestalt an. Die Aufgabe der Heldin und des Helden besteht darin, die wahre Persönlichkeit des verzauberten Wesens zu erkennen: Die Bereitschaft der Schönen, das Tier wegen seiner Güte zu lieben, hebt den Zauber auf. Die meisten Märchen über verzauberte Menschen enden damit, dass die Verwandlung rückgängig gemacht wird – Ausnahmen wie die Geschichte „Warum das Meer seufzt" bestätigen diese Regel. Gewöhnlich muss sich ein Zauberspruch erfüllen, so wie sich auch ein Schicksal erfüllt. Urashima in „Urashima und die Schildkröte" hat dank eines Zaubers ewige Jugend erhalten, die er aber verliert, als er die Schatulle der Drachenprinzessin öffnet.

In dem Inuit-Märchen „Die Seele und das Herz des Wals" ist der Zauber, der durch die Einmischung des Raben gebrochen wird, nichts anderes als das Leben selbst, der kostbarste und zerbrechlichste aller Zauber.

Die Drachenprinzessin gibt Urashima eine Schatulle; wenn er zu ihr zurückkehren will, darf er sie nicht öffnen.

VERZAUBERT

Dornröschen

ZEITLOS SCHÖN
Das Märchen vom „Dornröschen" geht mindestens bis auf das 14. Jh. zurück. Die weltweit bekannteste Version wurde 1697 von Charles Perrault unter dem Titel „Die Schöne, die im Walde schlief" veröffentlicht. Von den Brüdern Grimm wurde es später als „Dornröschen" in ihre Märchensammlung aufgenommen.

MÄRCHENSCHLOSS
Das im Jahre 1462 als Burg erbaute Schloss Ussé am Fluss Indre in Westfrankreich wurde später mit Ziertürmen und großen Fenstern verschönert. Es regte Perrault dazu an, das Märchen „Die Schöne, die im Walde schlief" zu schreiben.

V̲OR LANGER, LANGER Z̲EIT lebten ein König und eine Königin, die wünschten sich sehnsüchtig ein Kind. Jahr um Jahr verging, doch schließlich gebar die Königin eine Tochter. Außer sich vor Freude veranstalteten die Eltern ein Fest und luden die Feen des Landes dazu ein, damit sie dem Kind gewogen wären und ihm ihre Geschenke machten.

Die zwölfte Fee

Das königliche Paar und die guten Feen erschrecken; die zwölfte tritt hervor.

Es waren ihrer dreizehn, doch da es am königlichen Hof nur zwölf goldene Teller gab, musste eine Fee zu Hause bleiben. Als das prachtvolle Fest zu Ende ging, beschenkten die Feen das Kind mit ihren Gaben: Die erste Fee schenkte Tugend, die zweite Schönheit, die dritte Reichtum und so fort. Nachdem die elfte Fee an der Reihe gewesen war, trat plötzlich die dreizehnte in den Saal. Erbost, weil sie nicht eingeladen worden war, rief sie: „Wenn die Prinzessin 15 Jahre alt ist, soll sie sich mit einer Spindel am Finger stechen und sterben."

Die zwölfte Fee konnte den Zauberspruch nicht aufheben, sondern nur mildern. So wünschte sie: „Die Prinzessin soll nicht sterben,

DORNRÖSCHEN Deutschland

sondern in einen hundertjährigen Schlaf sinken." Doch das reichte dem König nicht. Er wollte sein Kind vor dem Unheil bewahren und ließ alle Spindeln im Land verbrennen.

Alle guten Wünsche der Feen erfüllten sich: Die Prinzessin wuchs zu einem schönen, freundlichen und verständigen Mädchen heran. Als sie aber gerade 15 Jahre alt geworden war, ritten der König und die Königin aus und die Prinzessin blieb alleine zu Hause. Sie wanderte im Schloss umher und erkundete alle Gänge und Räume.

Der König lässt alle Spindeln verbrennen.

Das Königspaar reitet aus und die Prinzessin bleibt allein im Schloss.

In einem einsamen Turmzimmer sitzt eine alte Frau am Spinnrad.

Spinnrocken

Spindel

Laut ruft die dreizehnte Fee ihren bösen Zauberspruch durch den Saal.

Die Prinzessin steigt eine Treppe hinauf.

Schließlich gelangte sie in einem alten Turm an eine Wendeltreppe. Sie stieg die Treppe hinauf bis zu einer kleinen Tür. Im Türschloss steckte ein verrosteter Schlüssel. Die Prinzessin trat in eine kleine Stube, in der eine alte Frau am Spinnrad saß. „Was ist das für ein Ding, was da so lustig herumspringt?", fragte die Prinzessin, als sie die Spindel am Spinnrad sah. Die alte Frau erklärte, dass es eine Spindel sei und dass sie damit Flachs zu Garn spinne. Der Prinzessin gefiel das alles so gut, dass sie auch versuchen wollte zu spinnen. Sie griff nach der Spindel. Doch kaum hatte sie sie angerührt, ging der Zauberspruch in Erfüllung und sie stach sich damit in den Finger. Sofort sank die Prinzessin in einen tiefen Schlaf.

VERHÄNGNISVOLLE SPINDEL
Dornröschens Spindel könnte waagerecht am Spinnrad befestigt gewesen sein; oder es war eine Spindel, die man in der Hand hielt – wie diese.

VERZAUBERT

HECKENROSE
Der Titel des Grimm'schen Märchens vereint zwei sehr unterschiedliche Begriffe: Dornen – sie zeugen von Leid, aber auch Feenkraft – und Rosen, die als Symbol für Schönheit, Makellosigkeit und Liebe gelten.

KLASSISCHES BALLETT
Prinzessin Aurora (Ravenna Tucker) fällt in Ohnmacht, nachdem sie sich in den Finger gestochen hat; eine Szene aus Tschaikowskys *Dornröschen*, das 1890 in Russland uraufgeführt wurde. Tschaikowskys Musik ist auch im gleichnamigen Zeichentrickfilm von Walt Disney zu hören.

Dieser Schlaf verbreitete sich sofort über das ganze Schloss: Der König und die Königin, die soeben nach Hause gekommen waren, schliefen ein und mit ihnen alle Zimmermädchen und Diener, die Wachen im Hof und die Köche in der Küche. Die Pferde im Stall schliefen und die Fliegen an der Wand. Ja, das Feuer auf dem Herd schlief ein und der Braten hörte auf zu brutzeln. Der Lieblingshund der Prinzessin, der ihr gefolgt war, sank neben ihr nieder und schlief ebenfalls ein.

Rings um das Schloss aber begann eine Dornenhecke zu wachsen. Sie wurde mit jedem Jahr höher, bis sie endlich das Schloss überragte. Nicht einmal die Türme sahen noch hervor. Die Leute begannen einander von der schlafenden Prinzessin in ihrem verwunschenen Schloss zu erzählen. Prinzen kamen herbei, die diese Geschichte gehört hatten. Sie wollten die Prinzessin befreien, aber die Dornenhecke ließ sie nicht hindurch. Viele blieben darin hängen und starben.

Dann waren hundert Jahre vergangen. Eines Tages

Ein alter Mann erzählt dem Prinzen von Dornröschen.

ritt wieder ein Königssohn durch das Land. Er hörte, wie ein alter Mann von der Dornenhecke und dem schlafenden Dornröschen erzählte; von seinem Großvater hatte er gehört, dass viele Prinzen vergebens versucht hatten, in das verwunschene Schloss zu gelangen.

Da sprach der Königssohn: „Ich fürchte mich nicht. Ich will das schöne Dornröschen sehen." Als er zu der Dornenhecke kam, trug sie Blüten und die dornigen Ranken bogen sich ganz von allein zur Seite, um ihn hindurchzulassen.

Im Schlosshof sah er schlafende Hunde; auf den Dächern hatten die Tauben ihre Köpfe unter die Flügel gesteckt und schliefen.

Dornröschen · Deutschland

Die Dornen teilen sich und lassen den Prinzen durch; alle Menschen und Tiere im Schloss schlafen.

Zuletzt findet der Prinz den Raum, in dem die schlafende Prinzessin liegt.

Im Haus schliefen die Fliegen an der Wand und in der Küche saß die Magd auf einem Stuhl und auf ihrem Schoß lag das Huhn, das sie gerupft hatte. Im Saal fand er den ganzen Hofstaat – schlafend – und oben auf ihren Thronen den König und die Königin.

Der Prinz wanderte durch alle Gänge und Räume, und alles war so still, dass er seinen Atem hören konnte. Zuletzt gelangte er zu dem Turm und betrat die kleine Stube. Darin lag Dornröschen und war so schön, dass er gar nicht anders konnte und sie küsste.

Kaum hatten seine Lippen sie berührt, da schlug Dornröschen die Augen auf und sah ihn freundlich an.

Sogleich erwachten im ganzen Schloss die Menschen und Tiere: Die Pferde schüttelten sich, die Hunde sprangen auf, die Fliegen krochen weiter die Wände hinauf und die Magd rupfte das Huhn fertig. Das Feuer brannte wieder und der Braten briet, bis er gar war.

Dornröschen und der Prinz feierten eine prachtvolle Hochzeit und lebten vergnügt bis an ihr Ende.

SCHLIMME STRAFE
In Perraults Fassung geht die Geschichte nach Dornröschens Hochzeit weiter. Die Mutter des Prinzen ist hier eine Menschenfresserin und will eines Tages Dornröschen und ihre beiden Kinder fressen. Als der Prinz ihr auf die Schliche kommt, springt die böse Frau in eine Schlangengrube und stirbt.

DER VERWANDLER ❧ *Kenia*

❧ Der Verwandler ❧

LÖWENSPUR
In dieser Geschichte des Volkes der Akamba in Kenia lässt sich der Käufer eines Stiers durch eine Löwenfährte täuschen.

ES WAR EINMAL EIN MANN, der Mbokothe hieß und mit seinem Bruder lebte. Ihre Eltern waren tot und hatten ihnen zwei Kühe hinterlassen. Mbokothe trieb die Kühe zu einem berühmten Medizinmann, der ihm dafür die Fähigkeit verlieh, die Gestalt jedes beliebigen Tieres anzunehmen. Mbokothe ging nach Hause, erzählte alles seinem Bruder und bat ihn, das Geheimnis für sich zu behalten.

Eines Tages verwandelte Mbokothe sich in einen kräftigen Stier und sein Bruder trieb ihn zum Markt, um ihn zu verkaufen. Ein Mann gab ihm zwei Kühe und fünf Ziegen dafür. Auf dem Rückweg vom Markt lief der Stier seinem neuen Herrn davon. Der Mann rannte ihm hinterher, aber Mbokothe verwandelte seine Hinterbeine in die eines Löwen. Als der Mann die Fährte entdeckte, sagte er sich: „Es hat keinen Sinn mehr. Der Stier ist von einem Löwen gefressen worden."

Mbokothe verwandelte sich in einen Menschen zurück und ging nach Hause. Am nächsten Markttag wurde Mbokothe wieder zu einem Stier und sein Bruder tauschte ihn gegen zehn Ziegen. Mbokothe wusste aber nicht, dass der Mann, der ihn gekauft hatte, bei dem gleichen Medizinmann gewesen war und und ebenfalls Zauberkräfte besaß.

Mbokothe kann sich in einen Stier verwandeln.

Als Mbokothe der Stier davonlief, wurde sein Käufer zu einem Löwen und jagte ihn. Mbokothe wurde zu einem Vogel, aber der Mann verwandelte sich in einen Milan. Mbokothe wurde zu einer Antilope, aber der Mann wurde zu einem Wolf. Jedes Mal, wenn Mbokothe sich verwandelte, verwandelte der Mann sich auch. Zuletzt konnte Mbokothe nicht mehr. „Du hast gewonnen", sagte er. „Komm mit zu mir nach Hause. Ich gebe dir deine Ziegen zurück."
Selbst ein mächtiger Mann wird eines Tages einen ebenbürtigen Gegner treffen.

Als Mbokothe einen Mann überlisten will, wird der zum Löwen, weil er ebenfalls die Gabe der Verwandlung besitzt.

Kleiner Ein-Zoll

ES WAREN EINMAL ein Mann und eine Frau, die sich schon sehr lange ein Kind wünschten. Sie beteten und beteten und schließlich schickten die Götter ihnen einen Jungen. Er war ein schönes, gesundes Kind; weil er aber nicht mehr wuchs, nannten sie ihn Kleiner Ein-Zoll. Als er alt genug war, schickten seine Eltern ihn in die Welt hinaus. Anstatt mit einem Schwert war er mit einer Nadel bewaffnet. In einer Reisschale als Boot und mit Essstäbchen als Rudern fuhr er den Fluss hinunter in die Hauptstadt Kioto. Dort wurde er von einer Familie aufgenommen. Eines Tages brach Kleiner Ein-Zoll mit der Tochter der Familie, die ihn sehr gern hatte, zu einer Reise auf. Unterwegs wurden sie von einem Menschen fressenden Riesen angegriffen, der das Mädchen rauben wollte.

Kleiner Ein-Zoll fährt in einer Reisschale nach Kioto.

MINIATURHELD
Kleiner Ein-Zoll ist ein japanischer Vetter unseres Däumlings, der hier in einer Illustration aus dem 19. Jh. von einem Riesen verfolgt wird. Der Menschen fressende Riese in unserer Geschichte ist ein *oni* – ein bösartiges Ungeheuer mit hässlichen Stoßzähnen und leuchtend roter oder blauer Haut.

„Dazu musst du mich zuerst besiegen!", schrie Kleiner Ein-Zoll und schwenkte seine Nadel. Der Riese lachte, packte ihn und verschlang ihn im Ganzen.

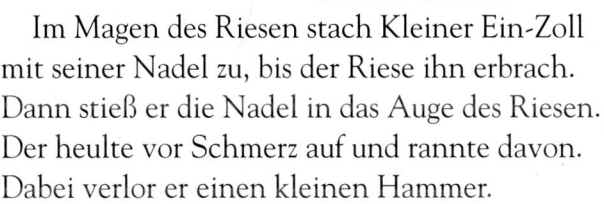

Der Riese packt Kleinen Ein-Zoll und verschlingt ihn.

Im Magen des Riesen stach Kleiner Ein-Zoll mit seiner Nadel zu, bis der Riese ihn erbrach. Dann stieß er die Nadel in das Auge des Riesen. Der heulte vor Schmerz auf und rannte davon. Dabei verlor er einen kleinen Hammer.

„Das ist ein Zauberhammer, der Wünsche erfüllt", rief das Mädchen und hob ihn auf.

„Dann schlage mich damit; vielleicht lässt er mich größer werden", sagte Kleiner Ein-Zoll.

Das Mädchen versetzte ihm einen kräftigen Schlag auf den Kopf und er begann zu wachsen … Bald war er ein großer, gut aussehender Samurai, den jedes Mädchen gern geheiratet hätte.

Kleiner Ein-Zoll wird zu einem Samurai.

VERZAUBERT

Der Froschkönig

MÄRCHEN-FROSCH
In vielen Teilen der Welt sind Frösche ein Symbol neuen Lebens und werden häufig als freundlich und hilfreich dargestellt. In der christlichen Vorstellung sind Frosch und Kröte aber auch Hexentiere. Ein Prinz, der in einen Frosch verwandelt wird, verliert somit seinen Rang als eines der edelsten Geschöpfe und wird zu einem niedrigen, verachteten Wesen.

WUNSCHBRUNNEN
Ebenfalls weltweit ist die Vorstellung verbreitet, dass in Brunnen und Quellen hilfreiche Geister leben. Viele Menschen werfen Münzen in Brunnen und hoffen, dass die Geister ihnen dann ihre Wünsche erfüllen.

VOR LANGER ZEIT lebte ein König, der eine wunderschöne Tochter hatte. Nahe bei seinem Schloss wuchs ein Wald; in diesem Wald war ein Brunnen, an dem die Prinzessin gerne mit ihrer goldenen Kugel spielte. Eines Tages – platsch! – fiel die Kugel in den Brunnen. Die Prinzessin weinte. „Was hast du, Prinzessin?", quakte da eine Stimme. Aber nur ein Frosch war zu sehen.

„Bist du es, alter Wasserpatscher?", schniefte die Prinzessin. „Meine goldene Kugel liegt im Brunnen."

„Was gibst du mir, wenn ich sie hole?"

„Alles, was du willst, lieber Frosch", sagte die Prinzessin. „Meine Kleider, meinen Schmuck – sogar meine Krone!"

Der Frosch erwiderte: „Das will ich alles nicht. Wenn du mich aber lieb haben und meine Freundin sein willst, wenn ich von deinem Teller essen und in deinem Bett schlafen darf, werde ich dir deine Kugel holen."

Der Frosch ist bereit, ins Wasser zu tauchen und die Kugel zu holen.

„Ich verspreche es", sagte die Prinzessin. „Alles, was du willst." Der Frosch sprang ins Wasser. Was für ein hässliches Tier, dachte die Prinzessin. Er taugt nur zum Schwimmen und Quaken!

Bald tauchte der Frosch auf; die goldene Kugel trug er im Maul. Entzückt riss die Prinzessin ihr Spielzeug an sich und lief nach Hause. „Warte! Ich kann nicht so schnell laufen wie du", quakte der Frosch.

Als die Prinzessin am nächsten Tag mit dem König beim Essen saß, klopfte es an der Tür. Sie öffnete. Als sie sah, wer es war, schlug sie die Tür wieder zu. „Wer ist da?", fragte der König.

„Ein schleimiger Frosch." Die Prinzessin schüttelte sich.

„Und was wollte der Frosch?"

„Gestern fiel meine goldene Kugel in den Brunnen und der Frosch holte sie heraus. Zur Belohnung versprach ich, dass er mein Freund sein dürfe. Ich hätte nie gedacht, dass er mir folgen würde."

DER FROSCHKÖNIG ~ Deutschland

„Du musst dein Versprechen halten", sagte der König. So öffnete die Prinzessin die Tür und der Frosch hüpfte herein. Der Frosch bat: „Heb mich hoch." Der König befahl der Prinzessin, den Frosch auf den Tisch zu heben. Dann verlangte der Frosch: „Schieb deinen Teller näher zu mir und lass uns zusammen essen." Der Frosch schlürfte seinen Teil auf, aber der Prinzessin war der Appetit vergangen. Danach sagte der Frosch: „Ich bin müde. Wir wollen uns in dein Bett legen und schlafen." Die Prinzessin weinte, aber der König meinte: „Du hast seine Hilfe angenommen. Jetzt kannst du ihn nicht wegschicken." Sie trug den Frosch in ihr Zimmer und ließ ihn in einer Ecke fallen. Als sie sich aber ins Bett legte, hüpfte der Frosch auf ihr Kissen und quakte: „Ich schlafe hier!"

„Lass mich in Ruhe!", schrie die Prinzessin und schleuderte ihn gegen die Wand. Zu ihrem Erstaunen verwandelte sich der Frosch in einen Prinzen.

„Eine Hexe hat mich verzaubert", erklärte er. „Aber dein Versprechen hat den Zauber aufgehoben! Lass uns nun schlafen. Morgen fahren wir in mein Königreich."

Am nächsten Morgen fuhr eine Kutsche vor. Heinrich, der Kutscher, war der alte Diener des Prinzen. Er war über die Verwünschung seines Herrn sehr traurig gewesen. Ein Schmied hatte drei Eisenreifen um sein Herz schmieden müssen, damit es nicht zersprang. Während der Fahrt nun hörte der Prinz ein lautes Krachen und rief: „Heinrich, die Kutsche bricht!"

„Nein, Herr, der Wagen nicht", antwortete Heinrich. „Es ist ein eisernes Band von meinem Herzen." Noch zweimal krachte es, weil das Herz des treuen Heinrichs vor Glück die Eisenreifen sprengte.

SCHWIERIGE BEZIEHUNG
Dieses Märchen wurde zuerst im frühen 19. Jh. von den Brüdern Grimm aufgeschrieben, aber Geschichten von schönen Prinzessinnen, die sich durch ein voreiliges Versprechen an ein abstoßend aussehendes Wesen verpflichten, sind vermutlich viel älter und weltweit verbreitet.

Die Prinzessin lässt den Frosch von ihrem Teller essen.

Die Prinzessin schleudert den Frosch an die Wand.

Der Frosch schlägt auf der Wand auf – und verwandelt sich in einen schönen Prinzen.

Glücklich fährt Heinrich sie in das Reich des Prinzen.

VERZAUBERT

Die lahme Füchsin

Das rechte Auge des Mannes lacht immer, während das linke weint.

EINST LEBTE EIN MANN, der drei Söhne hatte. Zwei waren schlau, der dritte aber war ein dummer Junge. Nun hatte dieser Mann ein rechtes Auge, das immer lachte und ein linkes Auge, das immer weinte. Eines Tages fragte ihn der Älteste, warum das so war, aber der Mann warf mit einem Messer nach ihm. Beim zweiten Sohn geschah das Gleiche. Beide Söhne flohen. Da fragte der dritte Sohn. Der Mann griff wieder nach dem Messer, aber der Junge lief nicht fort. Daraufhin legte der Mann das Messer weg und sagte: „Die beiden anderen sind Feiglinge, aber du bist mutig; deshalb lacht mein rechtes Auge. Mein linkes Auge weint, weil mir die Zauberrebe gestohlen worden ist, die mir jeden Tag vierundzwanzig Eimer Wein schenkte."

Die drei Brüder brachen auf, um die Zauberrebe zu suchen. Als sich die Straße dreifach verzweigte,

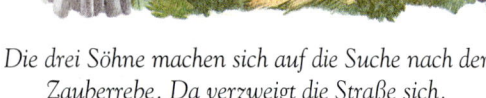

Die drei Söhne machen sich auf die Suche nach der Zauberrebe. Da verzweigt die Straße sich.

Der freundliche dumme Sohn freundet sich mit einer lahmen Füchsin an, die ihm hilft …

HILFREICHER FUCHS
Der Fuchs gilt als das listigste unter den europäischen Tieren. Anders als in anderen Geschichten ist der Fuchs hier nicht hinterlistig oder gierig, sondern ein geduldiger Helfer.

trennten sie sich. Die beiden Älteren trafen sich bald wieder. „Gott sei Dank sind wir diesen Dummkopf losgeworden!", lachten sie und setzten sich zum Essen. Da kam eine lahme Füchsin vorbei. Sie sah sehr hungrig aus, aber die Brüder gaben ihr nicht einmal die Krümel. Sie sagten nur: „Schau, ein Fuchs! Töten wir ihn!" Die Füchsin hinkte davon.

Auch zu dem dummen Jungen kam die Füchsin. „Es sind harte Zeiten", sagte er. "Iss bei mir mit!" Nach dem Essen fragte die Füchsin: „Wohin gehst du?" Erstaunt darüber, dass die Füchsin sprechen konnte, erzählte der Junge es ihr.

„Komm mit", sagte die Füchsin. Sie kamen zu einem Garten. „Die Rebe ist hier drin", sagte die Füchsin. „Du musst an zwölf Wachen vorbei. Ihre Augen sind offen, aber sie schlafen. Du wirst eine Schaufel aus Gold und eine Schaufel aus Holz finden. Grabe die Rebe mit der Holzschaufel aus und kehre zu mir zurück." Als der Junge aber bei der

DIE LAHME FÜCHSIN Tschechien

Rebe war, wusste er nicht mehr, was die Füchsin gesagt hatte, und nahm die Goldschaufel. Kaum hatte er damit den Boden berührt, da erwachten die Wachen. Sie brachten ihn zu ihrem Herrn.

„Aber die Rebe gehört meinem Vater", rief der dumme Junge aus.

„Das kann ja sein", sagte der Fürst, „aber ich werde sie nicht zurückgeben – es sei denn, du bringst mir den goldenen Apfelbaum, der jeden Tag goldene Früchte trägt." Der Junge kehrte zu der Füchsin zurück und sie sagte: „Komm mit!" Sie brachte ihn zu einem anderen Garten und sagte: „Um zum goldenen Apfelbaum zu kommen, musst du wieder an zwölf Wachen vorbei. Beim Baum sind zwei Stangen: eine aus Gold und eine aus Holz. Nimm die Holzstange, schlage damit auf den Baum und kehre zu mir zurück." Der dumme Junge aber schlug mit der Goldstange auf den Baum und weckte die Wachen.

Der Fürst sagte: „Ich schenke dir den Baum, wenn du mir dafür das goldene Pferd mit den goldenen Flügeln bringst."

Die Füchsin führte den Jungen durch einen dunklen Wald zu einem Gutshof und erklärte: „Zuerst musst du an zwölf Wachen vorbei. Das goldene Pferd steht im Stall. In der Nähe hängen zwei Zaumzeuge, eines aus Gold und eines aus Stroh. Zäume das Pferd mit dem aus Stroh auf und reite zu mir zurück." Der dumme Junge aber legte dem Pferd das goldene Zaumzeug um und weckte die Wachen. Der Fürst sagte: „Ich gebe dir das goldene Pferd, wenn du mir das goldene Mädchen in der goldenen Wiege bringst."

Die Füchsin brachte ihn zu einer Höhle und sagte: „Hinter den zwölf Wachen schaukelt das goldene Mädchen in seiner goldenen Wiege. In der Nähe ist ein Gespenst, das ‚Nein! Nein!' schreit. Beachte es nicht. Nimm die goldene Wiege und komm zurück." Dieses Mal tat der Junge alles so, wie die Füchsin es ihm geraten hatte.

Der Junge meinte: „Das goldene Mädchen ist so schön. Es tut mir Leid, sie wegzugeben." Da verwandelte sich die Füchsin in ein goldenes Mädchen, aber ihre Augen blieben Fuchsaugen. Der Junge brachte das

GOLDENE ÄPFEL
In Märchen und Mythen verleihen goldene Äpfel ewige Jugend. Hier ein Ausschnitt aus Carlo Crivellis Gemälde *Die Vision des seligen Gabriel*.

… einen goldenen Apfelbaum zu finden …

… ein goldenes Pferd …

… und ein goldenes Mädchen.

BESONDERE AUGEN
Diese Geschichte ist aus Böhmen. Ein ähnliches Märchen findet sich bei den Brüdern Grimm, „Der goldene Vogel", und auch in *1001 Nacht*.
Das Motiv des Mannes mit dem lachenden und dem weinenden Auge aber ist nur in Mitteleuropa verbreitet.

VERZAUBERT

Plötzlich bemerkt der Fürst, dass sein goldenes Mädchen Fuchsaugen hat.

Fuchsmädchen zum Fürsten und erhielt dafür das goldene Pferd. Als der Fürst aber an dem Abend das goldene Mädchen ansah, rief er plötzlich: „Du hast Fuchsaugen!" Das Mädchen verwandelte sich in die Füchsin zurück und rannte dorthin, wo der Junge auf sie wartete – zusammen mit dem richtigen goldenen Mädchen und dem goldenen Pferd.

Als Nächstes verwandelte die Füchsin sich in ein goldenes Pferd, behielt aber ihren Fuchsschwanz. Der Junge tauschte sie gegen den goldenen Apfelbaum. Als der Fürst später das Pferd bewunderte, meinte er: „Du bist schön – abgesehen von dem räudigen Fuchsschwanz!" Das Pferd wurde wieder zur Füchsin.

Zuletzt verwandelte die Füchsin sich in einen goldenen Apfelbaum und der Junge tauschte sie gegen die Zauberrebe seines Vaters. Später sagte der Fürst: „Wie seltsam! Die Äpfel sehen wie Fuchsköpfe aus!" Da wurde der Baum wieder zur Füchsin.

Auf dem Heimweg traf der Junge seine Brüder. Sie warfen ihn in einen Brunnen und raubten seine Schätze. Als sie diese aber zu ihrem Vater brachten, wollte die Rebe keinen Wein hervorbringen, der Baum nicht blühen, das Pferd nicht wiehern und das Mädchen nicht lächeln. Und das linke Auge des Vaters weinte immer noch.

Inzwischen hatte die Füchsin den Jungen aus dem Brunnen gerettet. Während er noch keuchend im Gras lag, verwandelte sie sich in eine Prinzessin. Sie war verwunschen gewesen und musste so lange eine Füchsin bleiben, bis es ihr gelang, einem Freund das Leben zu retten. „Jetzt bin ich frei", sagte sie, „und du auch. Lebewohl, mein Freund."

NATURGEMÄSS
In Märchen kommen Menschen, die sich in Tiere verwandeln, und Tiere, die zu Menschen werden, häufig vor. In dieser Geschichte aber verwandelt sich die Füchsin nicht vollständig. Ihre wahre Natur scheint durch – ebenso wie bei der Hauptfigur von La Fontaines Fabel „Die Katze, die zu einer Frau wurde" (oben). Obwohl sie ihrem Mann eine gute Ehefrau ist, kann die Katzenfrau nicht aufhören, Mäuse zu jagen.

Der Junge kehrte nach Hause zurück, da begann die Rebe, Wein hervorzubringen, der Apfelbaum blühte, das Pferd wieherte und das goldene Mädchen sang. Am schönsten aber war, dass das zweite Auge seines Vaters nun ebenfalls lachte. Der Vater vertrieb die bösen Söhne.

Die Liebenden umarmen sich und der Vater vertreibt die bösen Söhne.

Der dumme Junge heiratete das goldene Mädchen und sie lebten glücklich bis an ihr Lebensende.

JAMIE FREEL UND DIE JUNGE DAME ~ Irland

Jamie Freel und die junge Dame

JEDES JAHR zu Halloween, in der Nacht vor Allerheiligen, sah man in der Schlossruine Lichter und hörte Musik und den Lärm fröhlicher Tänzer. Niemand ging jemals dorthin; es war bekannt, dass sich dort gerne das „kleine Volk" der Feen aufhielt.

Einmal aber sagte Jamie Freel, der Sohn einer armen Witwe aus Fannet: „Ich werde zum Schloss gehen, um mein Glück zu suchen."

Seine Mutter bat ihn, nicht zu gehen, aber er war ein mutiger Bursche und lief unverdrossen in die mondhelle Nacht hinaus. Der Wind trug ihm eine wilde Melodie zu und je näher Jamie dem alten Schloss kam, desto deutlicher vernahm er Gelächter und Gesang. Der Lärm kam aus dem großen Saal des Schlosses, aus dessen Fenstern hell das Licht strahlte. Jamie spähte vorsichtig in den Raum.

Eine große Gesellschaft von Feen, keine größer als ein fünfjähriges Kind, feierten dort drinnen, stampften mit den Füßen auf den Boden und tanzten zu Flöten- und Geigenmusik.

Als sie Jamie bemerkten, riefen die Feen: „Willkommen, Jamie Freel! Wir wollen heute Nacht nach Dublin, eine junge Dame stehlen. Reitest du mit uns?"

FEENLAND
Diese beschauliche Landschaft würde sich gut als Schauplatz für einen Märchenfilm eignen. Das Foto zeigt Fannad (Fannet) Head in County Donegal (Nordirland); rechts im Bild der See Lough Swilly.

Jamie nähert sich dem Schloss. Er sieht Licht und hört Musik.

FEENGLAUBE
Zu Beginn des 20. Jh.s glaubten schätzungsweise noch zehn Prozent der ländlichen Bevölkerung Irlands an Feen. Man gab Feen oft die Schuld an kleinen Missgeschicken, z.B. wenn die Milch sauer wurde. Wer die Feen beleidigte, riskierte krank zu werden oder zu sterben. Es hieß, dass die Feen es auch nicht liebten, wenn tagsüber Geschichten über sie erzählt wurden.

VERZAUBERT

Die Feen laden Jamie ein, mit ihnen zu reiten.

„Ja, das werde ich", erwiderte Jamie kühn. So bestieg Jamie ein Feenpferd und ritt mit den Feen durch die Luft, über das Dach des Häuschens seiner Mutter hinweg, über Hügel, Felder und Dörfer, über den tiefen Lough Swilly und am Turm der Kathedrale von Derry vorbei, bis sie schließlich in Dublin waren. Die Feenschar wählte für ihren Besuch das feinste Haus von Stephen's Green und hielt vor einem Fenster, hinter dem ein schönes Mädchen schlief. Jamie sah verblüfft zu, wie die Feen in das Zimmer hineinströmten

Die Feen stehlen ein schönes Mädchen.

Sie legen einen Stock an ihre Stelle.

In Jamies Armen verwandelt sich das Mädchen in einen zähnefletschenden Hund.

und das Mädchen aus ihrem Bett holten. An ihre Stelle legten sie einen Stock, der ihre Gestalt annahm, aber leblos blieb.

Auf ihrem Ritt über den sternenübersäten Himmel trugen die Feen abwechselnd das Mädchen. „Darf ich auch mal?", schrie Jamie, als sie über das Dorf Tamney wirbelten, unfern dem Häuschen seiner Mutter. So übergaben sie ihm das Mädchen – und mit ihr in seinen Armen sprang Jamie von seinem Feenpferd. Kreischend vor Wut verfolgte das kleine Volk sie. Bevor Jamie das Mädchen in Sicherheit bringen konnte, verwandelten sie es in einen zähnefletschenden schwarzen Hund, in eine glühende Eisenstange, sogar in einen Sack Wolle. Aber Jamie ließ sie nicht los.

Schließlich sagte eine winzige dünne Feenfrau: „Wenn Jamie sie unbedingt will, soll er sie haben, aber er wird sich nicht darüber freuen können, denn ich mache sie taub und stumm!"

ST. STEPHEN'S GREEN Die feine junge Dame aus dem Märchen könnte in einem Haus wie diesem aufgewachsen sein – einem georgianischen Reihenhaus in St. Stephen's Green in Dublin.

Jamie Freel und die junge Dame — Irland

Sie sprenkelte etwas über das Mädchen. Dann flogen die Feen davon. Jamie trug das Mädchen ins Haus. „Wie können wir für eine Dame wie sie sorgen?", fragte seine Mutter, als er ihr von seinen nächtlichen Erlebnissen erzählt hatte. „Ich werde für euch beide arbeiten", sagte Jamie. Das Mädchen weinte stumm; sie konnte weder sprechen noch hören.

Ein Jahr verging und Halloween kam. Jamie wollte das alte Schloss ein zweites Mal besuchen. Als er in die Halle trat, hörte er die winzige dünne Feenfrau sagen: „Was für einen dummen Streich hat uns Jamie Freel letztes Jahr gespielt! Wenigstens haben wir das Mädchen taubstumm gemacht. Wenn er wüsste, dass nur drei Tropfen aus diesem Glas ihr Gehör und Sprache wiedergeben würden!"

Dann erblickten die Feen Jamie und begrüßten ihn. „Trink aus diesem Glas auf unsere Gesundheit!", rief die dünne Feenfrau. Jamie nahm das Glas aus ihrer Hand und rannte aus dem Saal, bevor die Feen noch so recht begriffen hatten, was geschehen war.

Jamie lief so schnell, dass er glaubte, sein Herz würde zerspringen; dann war er endlich zu Hause. Im Glas waren nur noch drei Tropfen. Er gab sie dem Mädchen und sie wurde sofort wieder, wie sie gewesen war. Sie hörte nicht auf, Jamie zu danken, aber natürlich wollte sie sogleich ihre Eltern besuchen. Am nächsten Tag brachen sie und Jamie nach Dublin auf. Zu Fuß brauchten sie länger als auf Feenpferden. Schließlich aber erreichten sie das große Haus in Stephen's Green und klopften an der Tür. „Die Tochter des Hauses starb vor einem Jahr!", sagten die Diener und ließen sie nicht herein.

Jamie und das Mädchen baten so lange, bis der Vater an die Tür kam; er erkannte seine Tochter jedoch auch nicht und bat sie zu gehen. Da meldete sich Jamie Freel zu Wort und erzählte von den Feen und dem Stock, den sie in das Bett des Mädchens gelegt hatten. Endlich glaubten die Eltern, dass ihre Tochter wirklich zu ihnen zurückgekehrt war. Jamies Mutter wurde mit einer Kutsche aus Fannet abgeholt und Jamie und das schöne Mädchen feierten eine herrliche Hochzeit.

SCHLOSSRUINE
Burt Castle bei Inishowen in County Donegal ist eine typische irische Ruine. Nachts sehen solche alten Schlösser und Burgen sehr unheimlich aus. Wenn dann auch noch das Mondlicht durch die Fenster scheint, wirkt es, als würde in den unbewohnten Räumen ein geheimnisvolles Volk wilde Feste feiern.

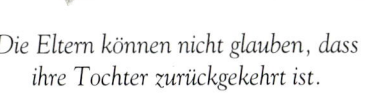

Die Eltern können nicht glauben, dass ihre Tochter zurückgekehrt ist.

VERZAUBERT

Die unbekannte Schwester

ES WAR EINMAL ein König, der hatte zwölf Söhne. Er wünschte sich so sehr eine Tochter, dass er zu seiner Frau sagte: „Wenn wir nur eine Tochter haben könnten, so würde ich dafür all unsere Söhne töten."

Als die Königin ein weiteres Kind erwartete, musste der König in den Krieg ziehen. Er gab jedoch den Befehl, dass alle seine Söhne zu töten seien, wenn seine Frau eine Tochter gebar. „Flieht!", riet die Königin ihren Söhnen. „Wenn ich einen Sohn zur Welt bringe, werde ich eine weiße Fahne hissen und ihr könnt zurückkehren. Wenn es aber ein Mädchen ist, hisse ich eine rote Fahne und ihr müsst fortbleiben!" Und ihre Söhne flohen. Eines Morgens erblickten sie eine rote Fahne und bauten sich traurig eine Hütte im Wald.

Als ihre Schwester heranwuchs, fragte sie oft nach den zwölf Kleidertruhen, die im Haus ihrer Mutter standen, aber ihre Mutter wollte nicht sagen, wem sie gehörten. Schließlich ertrug die Tochter die Ungewissheit nicht länger. Sie ergriff einen Revolver und drohte ihrer Mutter: „Die erste Kugel ist für dich und die zweite für mich, wenn du mir nicht das Geheimnis dieser Truhen verrätst." So erzählte ihre Mutter ihr von den zwölf Brüdern und dem furchtbaren Schwur ihres Vaters.

Da nahm die junge Frau den Ring ihres Vaters und machte sich auf die Suche nach ihren Brüdern. Sie musste lange gehen, bis sie ihre Hütte fand. Nun hatten die Brüder aber geschworen, jede Frau zu töten, die zu ihrer Hütte kam, denn um einer Frau willen waren sie von Zuhause vertrieben worden. Deshalb blieb immer einer von ihnen da, wenn die anderen auf die Jagd gingen. Als er eine junge Frau näher kommen sah, fragte er sie feindselig, was sie wolle. Sie zeigte ihm den Ring und so wusste er, dass sie seine Schwester war.

„Versteck dich", sagte er, „sonst werden meine Brüder dich töten!"

RETTUNG DURCH SCHWÄNE
Diese Geschichte basiert auf einem europäischen Märchen, das auch Hans Christian Andersen zu seinem Kunstmärchen „Die Wildschwäne" anregte. Anne Anderson illustrierte den Moment, in dem die junge Frau von ihren zu Schwänen verwandelten Brüdern gerettet wird.

FREMDE FEDERN
Die Einzelheiten verändern sich entsprechend der Umgebung, in der eine Geschichte erzählt wird. In Surinam gibt es Aras und deshalb werden die Brüder in diese Vögel verwandelt. In Deutschland werden sie zu Raben.

Die junge Frau findet Hütte ihrer Br...

Endlich erzählt die Mutter ihr von den verstoßenen Brüdern.

32

Die unbekannte Schwester — Surinam

Zum Abendessen deckte er versehentlich den Tisch für dreizehn anstatt für zwölf und so errieten seine Brüder, dass noch jemand da war. Die Schwester musste aus ihrem Versteck kommen; sie verziehen ihr und baten sie, bei ihnen zu bleiben. Am nächsten Tag kochte sie für ihre Brüder. Nahe bei der Hütte stand ein Rosenstrauch mit zwölf Knospen und sie pflückte die Knospen und legte in jeden Teller eine. Als die Brüder aber zurückkehrten und essen wollten, verwandelten sie sich in Aras und flogen davon.

Die Brüder verwandeln sich in Aras und fliegen davon.

Die Schwester

Sie will nicht sprechen, bis sie ihre Brüder gefunden hat.

Ein Prinz verliebt sich in das schweigende Mädchen.

Die Schwestern des Prinzen halten die junge Frau für einen bösen Geist, weil sie nicht spricht.

Ihre Brüder kommen und retten ihr das Leben.

Die Schwester beschloss, nach ihnen zu suchen, und schwor zu schweigen, bis sie ihre Brüder gefunden hatte. Lange Zeit wanderte sie umher. Sie begegnete einem Prinzen, der sich in sie verliebte. Aber die Schwestern des Prinzen meinten: „Sie spricht nicht, weil sie ein böser Geist ist." Nicht einmal diese Beschuldigung widerlegte die junge Frau und so wurde sie zum Tode verurteilt. Kurz bevor sie getötet werden sollte, kamen zwölf Aras aus dem Dschungel geflogen. Die Verurteilte hörte ihren Schrei und rief: „Meine Brüder, kommt und rettet mich!" Die Aras verwandelten sich in ihre zwölf Brüder zurück und die junge Frau und der Prinz wurden vermählt.

VERZAUBERT

Die Seele und das Herz des Wals

ES WAR EINMAL ein dummer Rabe, der sich gerne wichtig machte. Viele Stunden flog er übers Meer, bis er schließlich müde wurde. Er hielt nach einem Rastplatz Ausschau, aber nirgends sah er Land. Als er schon so matt war, dass er kaum noch fliegen konnte und in den Ozean zu stürzen drohte, tauchte ein riesiger Wal auf und der Rabe flog geradewegs in sein Maul. Er purzelte den Schlund des Wals hinab und dachte, dass er sicher sterben müsse. Plötzlich aber fand er sich in einem Haus wieder, einem sauberen und heimeligen Haus, das von Licht und Wärme erfüllt war. Es war ein Haus aus Walbein, gebaut und eingerichtet wie die Häuser der Menschen. Auf dem Bett saß eine junge Frau und hielt eine brennende Laterne. Sie hieß den Raben willkommen und sagte: „Fühle dich wie zu Hause. Aber berühre bitte nie meine Laterne." Der Rabe versprach es. Die junge Frau schien sehr unruhig zu sein. Sie stand immer wieder auf, ging zur Tür hinaus und kam kurz darauf wieder herein.

„Was ist los?", fragte der Rabe.

Der Rabe fliegt geradewegs in das Maul des Wals.

AUS ALASKA
Dieses Märchen zeugt von der Achtung, die die Inuit der Schönheit und Zerbrechlichkeit des Lebens in der rauen Arktis entgegenbringen. Dem Ethnologen Knud Rasmussen, selbst Däne und Inuit, wurde sie von Pamik erzählt, einem Inuit aus der Region am Fluss Utokok in Alaska (USA).

ARKTISCHE JÄGER
In den kalten Meeren vor den Küsten Grönlands jagt ein Inuit einen Narwal mit Speeren. Das Fleisch der Wale und Robben war früher neben Fisch die einzige Nahrung der Menschen in der Arktis. Wer einen Wal erlegt hatte, genoss den Respekt der Gemeinschaft.

Der Rabe verspricht, die Laterne nicht zu berühren.

Die Seele und das Herz des Wals — Inuit

„Nichts", sagte das Mädchen. „Es ist nur das Leben. Das Leben und der Atem." Die junge Frau mit ihrer Laterne hatte den Raben neugierig gemacht. Als sie das nächste Mal den Raum verließ, berührte der Rabe die Kerze in der Laterne. Im gleichen Moment fiel das Mädchen mit dem Kopf zuerst durch die Tür und blieb reglos am Boden liegen. Die Kerze in der Laterne erlosch. Jetzt war es für den Raben zu spät, Reue zu zeigen, denn geschehen ist geschehen. Es gab kein helles, warmes Haus mehr und der Rabe blieb allein in der Dunkelheit zurück, inmitten des Geruchs von Waltran und Walblut. Er versuchte einen Weg aus dem Walkörper zu finden, aber es gelang ihm nicht. Ihm wurde immer heißer und er scheuerte sich alle Federn ab. Die Federn wirbelten um ihn herum und er wäre beinahe daran erstickt.

Die junge Frau war die Seele des Wals und sie ging bei jedem Atemzug des Wals an die Luft hinaus. Ihr Herz war die brennende Kerze. Als der Rabe die Kerze berührt hatte, war die Flamme des Herzens erloschen. Nun war der Wal tot und der Rabe war in seinem Bauch gefangen. Der Rabe kämpfte um sein Leben und schließlich fand er den Weg hinauf zum Walmaul. Erschöpft setzte er sich auf den Rücken des toten Wals. Eines Tages kam ein Sturm auf und der tote Wal trieb der Küste zu. Die Menschen fuhren in ihren Kajaks hinaus, um ihn an Land zu holen. Als der Rabe sie kommen sah, verwandelte er sich in einen hässlichen kleinen Mann.

Der Rabe sagte nicht: Ich rührte an eine Schönheit, die ich nicht verstand, und zerstörte sie. Er krächzte: „Ich habe den Wal getötet!"

STURMLATERNE
Waltran diente den Inuit als Brennstoff für Laternen und sie stellten daraus auch Kerzen her. In dieser Geschichte ist die Kerzenflamme das Symbol für das Herz des Wals, das durch eine Sturmlaterne vor Zugluft geschützt wird.

Der Rabe berührt die Laterne; sie verlöscht und das Mädchen sinkt zu Boden.

Die Leute kommen herbei, um sich den toten Wal anzusehen; auf seinem Rücken tanzt jubelnd ein hässlicher kleiner Mann.

Und der Rabe wurde zu einem wichtigen Mann unter den Menschen.

VERZAUBERT

Die Schöne und das Tier

EINST LEBTE ein reicher Kaufmann, der drei Söhne und drei Töchter hatte. Das jüngste Mädchen hatte er am liebsten. Sie war so schön, dass sie als Kind „Kleine Schönheit" gerufen wurde und auch später nannte man sie nur „die Schöne". Die älteren Schwestern, die ihr weder an innerer noch äußerer Schönheit gleichkamen, waren eifersüchtig auf sie.

Die hochnäsigen Schwestern der Schönen hatten viele Verehrer. Sie erklärten aber, dass sie nur einen Mann heiraten würden, der mindestens Herzog oder Graf war. Die Schöne aber antwortete auf jeden Antrag: „Danke, aber ich bin zum Heiraten noch zu jung. Außerdem könnte ich meinen Vater nie verlassen."

Eines Tages verlor der Kaufmann seine Schiffe und mit ihnen die Ladung. Ihm blieb nur noch ein kleines Haus auf dem Land. Traurig erklärte er seinen Kindern, dass sie dorthin ziehen und auf den Feldern arbeiten müssten. Obwohl die Schöne harte Arbeit nicht gewohnt war, sagte sie: „Ich bin sicher, dass es Spaß machen wird." Ihre Schwestern aber jammerten, weil sie von nun an auf feine Kleider und auf ihr verschwenderisches Leben verzichten mussten. Schließlich machte die arme Schöne die ganze Arbeit allein,

Die Schöne arbeitet, während sich ihre Schwestern langweilen.

während ihre Schwestern stöhnten, dass es auf dem Land so langweilig sei. Ein Jahr später hörte der Kaufmann, dass eines seiner verloren geglaubten Schiffe mit seiner Ladung den Hafen erreicht hatte. Als er abreiste, um die Ladung zu verkaufen, fragte er die Mädchen, was er ihnen mitbringen sollte.

Die beiden Ältesten verlangten Juwelen und Kleider. Die Schöne aber wusste, dass der Erlös aus den Waren nicht für teure Geschenke reichen würde und schwieg. „Wünschst du dir denn nichts?", fragte der Vater.

KLASSISCHES MÄRCHEN
Obwohl es von diesem Märchen viele verschiedene Versionen gibt, die aufgeschrieben oder weitererzählt wurden, ist die bekannteste – die auch unserer Fassung zugrunde liegt – die klassische Version von Madame Jeanne-Marie de Beaumont (oben), die 1756 erstmals veröffentlicht wurde.

DIE GATTIN DES HUNDES
Geschichten von Ehen mit Tieren sind über die ganze Welt verbreitet – der Gatte kann ein Widder sein, ein Schwein, eine Schlange oder sogar ein Krokodil. In einem englischen Märchen ist der Bräutigam „ein großer böser Hund mit kleinen Zähnen". In Kentucky (USA) heißt ein ähnliches Märchen „Das Mädchen, das einen Jagdhund mit Schlappohren heiratete".

Die Schöne und das Tier ⚜ Frankreich

Er kommt an das Tor eines großen Schlosses.

„Nur eine Rose", antwortete sie sanft. Bei seiner Ankunft im Hafen, stellte der Kaufmann fest, dass die Ladung bereits verkauft worden war, um seine Schulden zu begleichen, und dass er so arm wie zuvor war. Niedergeschlagen kehrte er auf dem Weg zurück, den er gekommen war. Nur der Gedanke, seine Kinder wiederzusehen, munterte ihn auf. Er war noch weit von seinem Haus entfernt, als ein Schneesturm aufzog und er sich in einem Wald verirrte. Der Wind heulte und der Schnee wirbelte umher, so dass er kaum noch wusste, wo rechts und links und wo oben und unten war. Er glaubte schon, sterben zu müssen, da kam er an ein Schlosstor. Der Kaufmann trieb sein erschöpftes Pferd weiter und erreichte einen geschützten Innenhof. Im Stall war alles bereit, aber er traf darin weder Pferde noch Knechte an.

SCHLOSS IM WALD
Das Schloss des Tieres könnte so ausgesehen haben wie dieses Schloss in Saumur (Frankreich), dessen Tore dazu gedacht waren, unwillkommene Besucher fern zu halten.

Der Kaufmann betrat das Schloss. Auch hier ließ sich niemand sehen. Doch er fand einen gedeckten Tisch mit Brathähnchen und Wein. Er setzte sich und ließ es sich schmecken. Danach ging er die Treppe hinauf, fand in einem Zimmer ein bezogenes Bett, legte sich hinein und schlief ein.

Am nächsten Morgen lagen saubere Kleider für ihn bereit und unten erwartete ihn das Frühstück. Dies muss das Haus einer guten Fee sein, die Mitleid mit mir hat, dachte er. Draußen war der Schnee geschmolzen und im Garten blühten herrliche Blumen. Der Kaufmann erinnerte sich daran, was er der Schönen versprochen hatte. Er ging hinaus, um eine Rose zu pflücken.

Der Kaufmann wird beim Rosenpflücken ertappt.

Kaum hatte er das getan, da hörte er ein entsetzliches Brüllen, das ihn erschauern ließ. Hinter ihm stand zähnefletschend ein schreckliches Ungeheuer, halb Mensch, halb Tier. „Undankbarer Lump!", brüllte es.

VERZAUBERT

EINE ROSE FÜR DIE SCHÖNE
Die Rose, die der Kaufmann pflückte, könnte *Rosa centifolia* gewesen sein, eine gefüllte Rose, die im Frankreich des 18. Jh.s sehr beliebt war. Es war die Nachzucht einer chinesischen Rosenart, die so beliebt war, dass man sie auf Porzellan malte und auf Seide stickte.

DAS CEMBALO
Bevor Klaviere aufkamen, waren Cembalos in den französischen Salons des 18. Jh.s ein vertrauter Anblick. Eine wohlerzogene und gebildete junge Dame wie die Schöne hätte das Instrument beherrscht und darauf Melodien bekannter Komponisten gespielt.

„Ich nehme dich in mein Schloss auf, gebe dir zu essen, Kleider und ein Bett. Zum Dank dafür stiehlst du meine Rosen, die ich mehr liebe als alles andere auf der Welt. Dafür musst du sterben!"

Der Kaufmann warf sich vor ihm auf die Knie. „Verzeiht mir, Herr! Ich pflückte nur eine einzige Rose, für meine Tochter, die mich darum bat."

„Nenne mich nicht Herr. Mein Name ist Tier. Wenn du aber eine Tochter hast, bin ich gewillt, dich gehen zu lassen. Aber mit einer Bedingung. Sie muss aus freiem Willen herkommen, um an deiner Stelle ihr Leben zu lassen. Andernfalls komm selbst in drei Monaten zurück."

Obwohl der Kaufmann nicht die Absicht hatte, dem Tier eine seiner Töchter zu opfern, willigte er ein. Auf diese Weise würde er seine Kinder vor seinem Tod wenigstens noch einmal umarmen können. Das Tier schickte den betrübten Mann mit einer Kiste voller Goldmünzen nach Hause.

Als er seinen Töchtern alles erzählte, meinten die Älteren: „Es ist alles nur die Schuld der Schönen. Sie musste unbedingt diese lächerliche Rose haben!"

Da sagte die Schöne: „Wenn es meine Schuld ist, so werde ich zu dem Tier gehen und es um Gnade bitten."

Der Vater wollte sie von ihrem Vorhaben abbringen, aber sie ließ es nicht zu. So machten sie sich auf den Weg. Der Vater und die Brüder weinten und sogar ihre Schwestern konnten sich mithilfe einer Zwiebel ein paar Tränen abringen.

Als die Schöne und ihr Vater beim Schloss anlangten, war alles wie beim ersten Mal. Der Tisch jedoch war für zwei gedeckt. Das Tier will mich mästen, bevor es mich frisst, dachte die Schöne.

Nachdem sie gegessen hatten, hörten sie ein Knurren und das Tier zeigte sich. Es fragte die Schöne, ob sie freiwillig gekommen sei.

„Ja", erwiderte sie mit zitternder Stimme.

„Dann bleib hier", befahl das Tier. „Aber dein Vater muss gehen."

Der Kaufmann protestierte vergeblich und die Schöne blieb allein zurück. Im oberen Stockwerk fand sie ein Zimmer, auf dessen Tür in goldener Schrift „Zimmer der Schönen" stand. Darin war alles, was sie sich nur wünschen konnte, sogar ein Cembalo. Das Tier hätte sich

Mithilfe einer Zwiebel weinen die Schwestern der Schönen.

Die Schöne und das Tier — Frankreich

nicht so viel Mühe gegeben, wenn es mich gleich fressen wollte, dachte sie sich. Beim nächsten Abendessen setzte sich das Tier mit ihr an den Tisch. Es sagte ihr, dass sie, solange sie blieb, nur zu fragen brauchte, wenn sie sich etwas wünschte.

Die Schöne betritt ihr Zimmer.

Der Vater der Schönen muss das Schloss verlassen.

„Du bist die Herrin hier", erklärte er, „und ich bin dein Diener. Sag mir, bin ich sehr hässlich?"

„Ja", sagte die Schöne. „Aber du bist auch sehr gütig."

„Vielleicht bin ich das nur, weil ich so dumm bin", meinte das Tier.

„Überhaupt nicht", widersprach die Schöne. „Sehr dumme Leute glauben, sehr schlau zu sein. Du hast ein gutes Herz, also kannst du nicht dumm sein."

Beim Abendessen bittet das Tier die Schöne, es zu heiraten.

VERZAUBERT

ES WAR EINMAL
Dieses Märchen ist schon oft verarbeitet worden, u.a. von André Grétry zur Oper *Zémire et Azor* und 1991 zu dem Zeichentrickfilm *Die Schöne und das Biest*. Am atmosphärisch dichtesten gelang der 1946 entstandene Film *La Belle et la Bête*, (oben; dt. *Es war einmal*) unter der Regie von Jean Cocteau.

SCHICKES KLEID
Dieses Seidenbrokatkleid (18. Jh.) lag an den Hüften auf einem „Panier" genannten Drahtgestell auf. Jede Dame wäre damals über ein solches Geschenk erfreut gewesen.

Da fragte das Tier: „Wenn das so ist, Schöne, willst du mich dann heiraten?"

„Nein", antwortete sie. „Das will ich nicht."

Danach fragte das Tier die Schöne jeden Abend, ob sie es heiraten wolle, und jeden Abend lehnte sie den Antrag ab.

Ansonsten lebten sie glücklich zusammen, doch die Schöne vermisste ihren Vater sehr. In einem Zauberspiegel hatte sie gesehen, dass ihre Brüder Soldaten geworden waren und ihre

Im Zauberspiegel sieht die Schöne ihren Vater krank im Bett liegen.

Die Schwestern der Schönen beneiden sie und wollen ihr schaden.

beiden Schwestern geheiratet hatten; so war ihr Vater ganz allein. Sie bat das Tier, ihn eine Woche lang besuchen zu dürfen. „Komm bitte zu mir zurück", sagte das Tier, „oder ich werde vor Kummer sterben."

Als die Schöne das Haus betrat, lag ihr Vater im Bett. Er war vor Scham darüber, sie bei dem Tier gelassen zu haben, krank geworden.

„Vater, du brauchst nicht traurig zu sein", sagte sie. „Das Tier ist gut und lieb. Sieh nur mein schönes Kleid an; das ist eines seiner Geschenke." Ihr Vater erholte sich. Ihre Schwestern aber waren neidischer als zuvor. Sie gönnten der Schönen ihre prachtvollen Kleider nicht und beschlossen, das Tier so wütend zu machen, dass es die Schöne zuletzt doch fressen würde. Deshalb bettelten sie und baten,

DIE SCHÖNE UND DAS TIER — Frankreich

bis die Schöne eine weitere Woche blieb. In der zehnten Nacht träumte sie, das Tier läge tot in seinem Garten. Sie erwachte zitternd und merkte, wie gern sie es inzwischen hatte und wie sehr sie es vermisste. Sie kehrte unverzüglich zum Schloss zurück, konnte das Tier aber nirgends finden. Sie lief in den Garten. Dort lag es wie in ihrem Traum auf dem Rasen. Sie umarmte es und ihre Tränen fielen auf seine Stirn. „Du kommst zu spät", sagte es heiser. „Ich sterbe."

„Stirb bitte nicht!", sagte die Schöne. „Ich will dich heiraten!"

AMOR UND PSYCHE
Dieses Märchen zeigt den deutlichen Einfluss der Erzählung von Amor und Psyche des römischen Dichters Apuleius (2. Jh. n. Chr.). Die schöne Psyche wird von den Göttern gezwungen, ein Ungeheuer zu heiraten, das in Wirklichkeit der Liebesgott Amor ist. Dieses Gemälde des britischen Künstlers Sir Edward Burne-Jones aus dem 19. Jh. stellt die Begegnung zwischen Amor und Psyche dar.

Die bösen Schwestern erstarren zu Stein.

Die Schöne sieht das Tier sterbend im Garten liegen.

Da erklang plötzlich Musik und das Schloss erstrahlte von hellem Licht. Das Tier war verschwunden. Ein junger Prinz nahm seine Stelle ein. „Tier, wo bist du?", rief die Schöne voller Angst.

„Hier bin ich", sagte der Prinz. „Ich war verwunschen und musste ein Mädchen finden, das mich wegen meines guten Herzens liebte und nicht wegen meines Aussehens oder meines Vermögens. Du hast mich erlöst und ich will dich nie wieder verlieren."

Die Schöne und das Tier heirateten und lebten glücklich bis an ihr Ende. Die Schwestern der Schönen aber wurden in Statuen verwandelt. So mussten sie das Glück der Schönen mitansehen, ohne es zerstören zu können.

TRAURIGES ENDE
In einer portugiesischen Version wird die Schöne von ihren Schwestern daran gehindert, rechtzeitig zum Tier zurückzukehren. Als die Schöne endlich zum Schloss eilt, findet sie das Tier tot vor. Sie stirbt an ihrem Kummer und die neidischen Schwestern müssen ein Leben in Armut fristen.

VERZAUBERT

Drei Zauberorangen

ES WAR EINMAL ein alter König, der dachte, dass sein Sohn endlich heiraten sollte. Er lud Prinzessinnen von nah und fern zu einem Fest, aber keine gefiel dem Prinzen. Daraufhin erklärte der König, dass es besser sei, wenn sich sein Sohn selbst eine Frau suchte. So bestieg der Prinz sein Pferd und ritt davon. Bald erreichte er einen Wald. Da stand ein Orangenbaum. Er trug drei Früchte. Der Prinz pflückte sie und ritt weiter.

Es war ein heißer Tag und der Prinz bekam Durst. Er zog sein Messer heraus und schnitt die erste Orange auf. O Wunder aller Wunder! Aus der Frucht sprang ein schönes Mädchen mit Augen von der Farbe des Himmels und Haaren von der Farbe der Sonne. „Gib mir einen Schluck Wasser", bat sie ihn. Aber der Prinz hatte kein Wasser und sie verschwand.

REGENWALD
Dieses Märchen spielt im Regenwald von Costa Rica. Die Lufttemperatur liegt hier um 38° C. Kein Wunder, wenn die Leute Durst bekommen!

Der Prinz findet drei Orangen.

Zweimal schneidet er eine Orange auf; zweimal erscheint ein Mädchen und bittet um Wasser.

Das dritte Mal kann der Prinz ihr Wasser geben und der Zauber ist gebrochen.

EIN- UND DIESELBE
Obwohl das Mädchen in diesem Märchen bei jedem Erscheinen anders aussieht, ist sie immer dieselbe. Es geht also nur um ein verzaubertes Mädchen, nicht um drei.

Die Sonne brannte heiß und der Prinz schnitt die zweite Orange auf. O Wunder aller Wunder! Heraus sprang ein Mädchen mit Augen von der Farbe eines Waldteichs und Haaren, die so rot wie Hibiskus waren. Auch sie bat ihn um Wasser, das er nicht geben konnte. Dann verschwand sie.

Endlich kam der Prinz an eine Quelle und trank. Als er danach

DREI ZAUBERORANGEN Costa Rica

Die Hexe sticht der Königin eine Nadel in den Kopf und verwandelt sie in eine Taube.

Die Taube ist der einzige Trost des Prinzen.

Hunger verspürte, schnitt er die dritte Orange auf. O Wunder aller Wunder! Heraus sprang ein Mädchen mit rabenschwarzen Augen und Haaren und einem Gesicht, das so weiß wie eine Jasminblüte war. „Gib mir Wasser", bat sie ihn. Er schöpfte Wasser aus der Quelle und gab ihr zu trinken. So war der Zauber aufgehoben, mit dem eine Hexe sie in die Orangen eingeschlossen hatte. Der Prinz und die junge Frau heirateten und waren bald König und Königin. Die Hexe aber fand heraus, dass das Mädchen befreit worden war. Sie ging zum Königspalast und rief: „Haarnadeln! Wer kauft meine Haarnadeln?" Die Königin rief die alte Frau zu sich und die Hexe zeigte ihr eine Haarnadel, die mit einer Perle verziert war. „Ich werde sie Euch ins Haar stecken", sagte sie. Die Königin beugte sich vor und die Hexe stieß ihr die Nadel in den Kopf. Da wurde die Königin zu einer weißen Taube und flog in den Wald, in dem der junge König jagte. Der König fing die Taube und wollte sie seiner Frau mitbringen. Wie groß war seine Enttäuschung, als er sie zu Hause nirgends fand.

Monate vergingen. Sein einziger Trost war die weiße Taube, die ihn an seine verlorene Liebe erinnerte. Eines Tages streichelte er den Kopf der Taube. Da fühlte er den Perlenkopf. Er zog die Nadel heraus und – o Wunder aller Wunder! – seine schöne Königin stand vor ihm. Der König befahl, die Hexe zum Palast zu bringen. Doch am gleichen Tag brannte ihre Hütte nieder und sie starb in den Flammen.

RUND UM DIE WELT
Diese Geschichte ist wirklich international. Sie ist in Europa, Indien, Nord- und Südamerika bekannt. Sie inspirierte auch den russischen Komponisten Sergej Prokofjew (1891–1953) zu seiner Oper *Die Liebe zu den drei Orangen* (oben), die 1921 uraufgeführt wurde.

Der König zieht die Nadel aus dem Kopf der Taube; diese wird wieder zu seiner Frau.

Aus Versehen verbrennt sich die böse Hexe selbst.

VERZAUBERT

Urashima und die Schildkröte

VOR LANGER ZEIT lebte ein Fischer namens Urashima. Er war nicht verheiratet und wohnte bei seiner Mutter. Wenn sie ihn drängte, sich eine Braut zu suchen, erwiderte er: „Ich fange gerade genug Fische für zwei. Deshalb will ich nicht heiraten, solange du lebst." Eines Tages fing er nur eine kleine Schildkröte. „Du reichst kaum für zwei Mund voll", sagte er.

Das Tier antwortete: „Wenn das so ist, dann lass mich frei! Wenn du dich meiner erbarmst, will ich mich dankbar zeigen."

Der weichherzige Urashima ließ die Schildkröte frei. Als er einige Jahre später zum Fischen hinausgefahren war, fegte ein Sturm über die Bucht und brachte sein Boot zum Kentern. Urashima konnte wie die meisten Fischer nicht schwimmen. Er schien verloren zu sein. Als er aber noch um sich schlug und Wasser spuckte, tauchte eine große Schildkröte aus der Tiefe auf. „Ich bin die Schildkröte, der du einst das Leben geschenkt hast", sagte sie. „Steige auf meinen Rücken." Sie brachte Urashima aber nicht ans Ufer, sondern nach Ryugu, dem Palast des Drachenkönigs auf dem Meeresgrund. „Ich bin eine Hofdame der Drachenprinzessin Otohime", sagte die Schildkröte. „Sie möchte dir für deine Großzügigkeit danken."

Urashima und die Prinzessin verliebten sich auf den ersten Blick ineinander. Sie flehte ihn an zu bleiben und sagte ihm, dass er in ihrem Reich niemals älter werden würde. Drei Jahre vergingen und Urashima und die Prinzessin waren sehr glücklich. Nur eines störte Urashimas Glück: die Sorge um seine Mutter. Eines Tages fragte er die Prinzessin, ob er sie besuchen dürfe.

„Wenn du gehst", sagte sie traurig, „wirst du nicht wiederkommen." Urashima bat sie aber immer wieder und zuletzt gab sie nach. Zum

SELTSAM, ABER WAHR?
Diese Bronzestatuette zeigt Urashima auf dem Rücken einer Schildkröte, dem Symbol für langes Leben. Die Geschichte erschien das erste Mal in *Nihon Shoki* („Japanische Chronik", 720 n. Chr.) Die Chronik behauptet, die Geschichte hätte sich tatsächlich ereignet – in Urashimas Geburtsort Midzu no Ye (Ejima) im Südwesten Japans im Jahre 477 n. Chr.

ZEITSPRUNG
In Märchen entsprechen Tage, die bei Feen verbracht werden, häufig Jahren in der wirklichen Welt. Als der irische Held Oisin (spricht man „Aishiehn" aus) *tir nan-Og* verlassen will, das Zauberland der Jugend, um seine Heimat zu besuchen, lässt ihn seine Feenfrau auf einem Schimmel davonreiten, warnt ihn aber davor, abzusteigen. Oisin fällt vom Pferd und wird sofort zu einem alten Mann.

Eines Tages fängt Urashima nur eine Schildkröte.

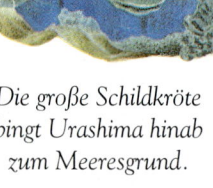

Die große Schildkröte bingt Urashima hinab zum Meeresgrund.

Urashima und die Schildkröte — Japan

Abschied überreichte sie ihm eine Schatulle und sagte: „Verwahre sie sicher und öffne sie nie. Wenn du meine Worte befolgst, wird die Schildkröte dich am Strand abholen und zu mir zurückbringen."

Urashima versprach die Schatulle nicht zu öffnen. Die Schildkröte brachte ihn an den Strand, den er so gut kannte. Bald jedoch merkte er, dass sich alles verändert hatte. Im Dorf erkannte er nichts und niemanden wieder. Vom Haus seiner Mutter war nur die Steintreppe im Garten übrig geblieben. Er fragte einen alten Mann, ob er je von einem Fischer namens Urashima gehört hatte. „Kennst du die Sage nicht?", fragte der Alte zurück. „Urashima soll vor dreihundert Jahren in diesem Dorf gelebt haben, aber er tauchte in das Reich des Drachenkönigs hinab und kehrte nie zurück."

„Was geschah mit seiner Mutter?", fragte Urashima.

„Sie starb an dem Tag, als er verschwand", antwortete der Greis.

DRACHENINSELN
Die japanische Bezeichnung für den Palast des Drachenkönigs ist *ryugu* oder *ryukyu*. So heißt auch eine Inselkette, die von der japanischen Küste in Richtung Südwesten quer über das Ostchinesische Meer verläuft. Vielleicht sind die schönen Ryukyu-Inseln, die „Paläste" von Li, dem Drachenkönig der Tiefe, der Schauplatz für Urashimas Romanze mit der Drachenprinzessin.

Der Palast des Drachenkönigs — *Prinzessin Otohime* — *Urashima*

Traurig über Urashimas Abschied gibt die Prinzessin ihm eine Schatulle, die er nicht öffnen soll.

Urashima öffnet die Schatulle – und zerfällt zu Staub.

ABSCHIEDSGESCHENK
Weil die japanischen Kimonos keine Taschen haben, trägt man kleine Gegenstände in Schatullen bei sich, die in den Stoffgürtel (*obi*) gesteckt werden. Dieses Kästchen mit Perlmuttintarsien stammt aus dem 12. Jh. n. Chr.

Urashima wollte seinen Ohren nicht trauen. „Ich bin Urashima", rief er, „und ich war nur drei Jahre fort, nicht dreihundert!" Dann zog er die Schatulle heraus und sagte: „Schau, dies ist das Abschiedsgeschenk der Drachenprinzessin." In seiner Aufregung vergaß er ihre Warnung und öffnete die Schatulle. Nichts war darin, außer etwas Rauch. Als der Rauch entwich, stürzte die Last der Jahre auf ihn. Urashimas Haut verschrumpelte und sein Körper zerfiel zu Staub.

VERZAUBERT

Warum das Meer seufzt

ES WAR EINMAL eine Königin, die schon lange Zeit verheiratet war, aber noch kein Kind hatte. Sie betete: „Lieber Gott, lass mich etwas zur Welt bringen, und wenn es nur eine Schlange ist!" Gott erhörte ihr Gebet und sie gebar ein Mädchen, um dessen Hals sich eine Schlange ringelte.

Die Prinzessin wurde auf den Namen Maria getauft. Sie freundete sich mit der Schlange an, die Dona Labismina hieß. Gemeinsam gingen sie am Strand spazieren und die Schlange löste sich von Marias Hals und schwamm in den Wellen; wenn sie jedoch allzu lange fortblieb, weinte die Prinzessin bitterlich. Eines Tages kroch die Schlange ins Meer und kam nicht zurück. Zuvor hatte sie Maria gesagt, dass sie nach ihr rufen solle, wenn sie in Gefahr sei.

Einige Tage später erkrankte die Königin eines wohlhabenden benachbarten Reiches. Auf ihrem Totenbett nahm sie einen Ring vom Finger und gab ihn ihrem Gatten, dem König. „Solltest du eines Tages wieder heiraten", hauchte sie, „dann heirate eine Prinzessin, auf deren Finger der Ring genau passt." Kaum hatte sie es gesagt, starb sie.

Der König war ein hässlicher, alter, starrköpfiger Mann. Er beschloss, unverzüglich wieder zu heiraten. Der Ring wurde zu allen Prinzessinnen aller Reiche gebracht, aber er passte keiner. Zuletzt hatte nur Prinzessin Maria den Ring nicht anprobiert. Der alte König besuchte sie und steckte grob den Ring auf ihren Finger. Zu Marias Entsetzen passte der Ring genau. Ihre Eltern waren begeistert, denn der alte König war unvorstellbar reich. Er sagte Maria, dass er sie so bald wie möglich heiraten wolle.

Maria war sehr unglücklich und konnte nicht aufhören zu weinen. Sie ging zum Strand und rief Labismina, die herbeischwamm.

Die Gebete der Königin werden erhört. Sie bringt eine Tochter zur Welt.

EINE PRISE TRAURIGKEIT

Dieses Märchen, das stark an Aschenputtel erinnert, ist wegen seines wehmütigen Endes bemerkenswert. Es wurde im nordöstlichen Küstenstaat Sergipe aufgenommen und 1883 von Silvio Roméro in einer Sammlung von Märchen und Balladen mit dem Titel *Cantos Populares do Brazil* veröffentlicht.

Marias Eltern

Der König

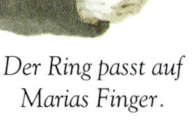

Der Ring passt auf Marias Finger.

"Mach dir keine Sorgen. Sage dem König, dass du ihn nur heiraten wirst, wenn er dir ein Kleid in der Farbe der Wiese mit all ihren Blumen schenkt." Die Prinzessin tat, was die Schlange geraten hatte und der König ärgerte sich sehr. Doch er war so verliebt, dass er versprach, nach dem Kleid zu suchen. Es wurde eine lange Suche, aber eines Tages fand er es. Da ging die Prinzessin zu Labismina und die riet ihr: "Sage ihm, dass du ihn nur heiratest, wenn er dir ein Kleid in der Farbe des Meeres mit all seinen Fischen schenkt." Die Prinzessin tat es und der König war noch ärgerlicher als beim letzten Mal. Wieder suchte er lange und wieder fand er ein passendes Kleid. Die Prinzessin ging ein drittes Mal zu Labismina, die ihr riet: "Sage ihm, dass du ihn nur heiratest, wenn er dir ein Kleid in der Farbe des Himmels mit all seinen Sternen schenkt."

Sie tat es, und obwohl der König ärgerlicher war, als ihn jemals jemand erlebt hatte, versprach er,

AM STRAND
Sergipe ist Brasiliens kleinster Staat. Möglich, dass der Strand, an dem die Heldin dieses Märchens spazieren ging, so aussah wie dieser nahe der Hauptstadt Aracajú.

Um den König nicht heiraten zu müssen segelt Maria mit ihren drei Kleidern im Gepäck davon.

Labismina

nach dem Kleid zu suchen. Dieses Mal brauchte er noch länger, aber schließlich fand er genau das richtige Kleid.

Die verzweifelte Prinzessin lief an den Strand und bestieg ein Schiff, das Labismina vorbereitet hatte. Labismina sagte: "Segle in diesem Schiff davon, gehe an der Küste an Land, zu der es dich bringt, und

BUNTE BLÜTENPRACHT
Auf einem Zauberkleid, das alle Blumen des Landes zeigt, dürfte auch diese Orchidee aus Zentralbrasilien nicht fehlen.

VERZAUBERT

Marias Boot landet an einem menschenleeren Strand.

Der Palast

Sie hütet die Hühner des Königs.

Dona Labismina sorgt dafür, dass Maria beim Fest großen Eindruck macht.

Maria

Der Prinz

Der Prinz sieht Maria zum ersten Mal.

Der Prinz sieht Maria zum zweiten Mal.

Maria im Kleid in der Farbe des Meeres.

Der Prinz ist sehr verliebt, aber niemand kennt das geheimnisvolle Mädchen.

SCHWIERIGE UMSTÄNDE
In Nordostbrasilien, der Heimat dieses Märchens, gibt es viele sehr arme Regionen. In Wirklichkeit findet hier niemand so leicht Arbeit wie Maria.

FESTKLEID
Die Beschreibung der herrlichen Kleider, die Maria bei dem Fest trägt, erinnert an die farbenfrohen Drucke der Stoffe, die von vielen Frauen im Nordosten Brasiliens getragen werden.

heirate den Prinzen jenes Reiches. Komm dann an deinem Hochzeitstag zum Meer und rufe drei Mal meinen Namen. Dadurch wird der Zauber gebrochen und ich werde ebenfalls eine Prinzessin sein.

So ließ sich Maria von dem Schiff in ein fremdes Land bringen. Da sie kein Geld hatte, ging sie zum Schloss und bat um Arbeit. Man ließ sie die Hühner des Königs hüten.

Etwas später fand in der Stadt ein dreitägiges Fest statt. Jeder aus dem Schloß ging hin – außer Maria, die auf die Hühner aufpassen sollte. Nachdem aber alle anderen gegangen waren, zog sie ihr Kleid in der Farbe der Wiese mit all ihren Blumen an, bat Labismina um eine schöne Kutsche und fuhr zu dem Fest.

Jeder staunte über das schöne Mädchen und niemand erkannte Maria. Der Prinz, Sohn des Königs und der Königin, verliebte sich Hals über Kopf in sie. Maria ging, bevor das Fest zu Ende war. Als die

WARUM DAS MEER SEUFZT — Brasilien

königliche Familie heimkehrte, hatte sie schon längst wieder ihre alten Lumpen angezogen. Sie hörte den Prinzen sagen: „Mutter, hast du auf dem Fest das liebliche Mädchen gesehen? Ich wünschte, ich könnte sie heiraten! Sie ähnelt ein wenig unserer Hühnermagd."

„Diesem zerlumpten Geschöpf?", fragte die Königin.

Später ging der Prinz zu Maria und sagte: „Hühnermagd, heute bei dem Fest war ein Mädchen, das dir ähnlich sah!"

„Ach, Prinz! Mach dich nicht über mich lustig", erwiderte Maria.

Das Fest ging am nächsten Tag weiter. Dieses Mal trug Maria ihr Kleid in der Farbe des Meeres mit all seinen Fischen. Der Prinz verliebte sich noch heftiger, aber niemand konnte ihm ihren Namen sagen. Am dritten Tag trug Maria ihr Kleid in der Farbe des Himmels mit all seinen Sternen. Der Prinz schenkte ihr einen Edelstein.

Als er wieder im Palast zurück war, legte sich der liebeskranke Prinz zu Bett. Die Königin trug der Hühnermagd auf, ihm Brühe zu kochen. Bevor sie die Brühe zum Prinzen bringen ließ, legte Maria den Edelstein in die Schüssel. Der Prinz tauchte den Löffel in die Brühe und fand den Stein. Er sprang aus dem Bett und rief: „Ich bin geheilt! Ich heirate die Hühnermagd!" Maria und der Prinz heirateten noch am gleichen Tag.

Vor lauter Glück vergaß Maria, zum Strand hinunterzugehen und nach der treuen Dona Labismina zu rufen. So wurde diese niemals aus ihrer Verzauberung befreit. Und aus diesem Grund seufzt das Meer.

An ihrem Hochzeitstag ist Maria so glücklich ...

Der Prinz findet den Edelstein in der Brühe wieder.

FIESTA!
In Brasilien werden Feste wie Karneval mit traditioneller Musik und Tanz in den Straßen gerne mehrere Tage lang gefeiert. In kleineren Orten finden sie meist auf dem Hauptplatz vor der Kirche statt.

MEERESRAUSCHEN
In einer späteren Version dieses Märchens von Elsie Spicer Ellis, die 1917 erschien, heißt die Heldin nicht Maria, sondern Dionysia. Am Ende ruft die im Stich gelassene Labismina traurig: „Dionysia, Dionysia!" Dieser Ruf erinnert an das Geräusch der Wellen, die am Strand ausrollen.

... dass sie die treue Dona Labismina vergisst.

Schätze & Lumpen

Märchen wurden ursprünglich von und für Menschen erzählt, die in einfachen Verhältnissen lebten. Deshalb ist es nicht weiter erstaunlich, wenn viele Märchen von armen Heldinnen und Helden handeln, die ausziehen, um ihr Glück zu machen. Manchmal verlaufen Zufälle für sie sehr günstig, wie für den Wahrsager Grille oder für den Faulen Jack. Einige behaupten sich durch gute Ideen, wie „Das arme Mädchen, das Königin wurde", oder durch Schlauheit, wie der jüngste Bruder in „Das ist gelogen!". Meistens aber sind es Güte, Mut und Treue, die belohnt werden, wie in „Der wunderbare Brokat". Wie man aus der Geschichte des betrunkenen Matrosen in „Wie gewonnen, so zerronnen" sieht, kann leicht erworbenes Gut ebenso leicht wieder verloren gehen. Das Beispiel der habgierigen Fischersfrau dagegen führt uns vor Augen, dass man auch Glückssträhnen nicht überstrapazieren sollte.

Die Fischersfrau verlangt zu viel. Zuletzt müssen sie und ihr Mann wieder im Schweinestall leben.

SCHÄTZE UND LUMPEN

Rumpelstilzchen

EIN ARMER MÜLLER prahlte einst damit, dass seine Tochter Stroh zu Gold spinnen könne. Der König hörte davon und ließ das Mädchen in sein Schloss kommen. Er sperrte sie in einen Raum, der voller Stroh war und sagte: „Spinn dieses Stroh bis morgen zu Gold oder ich lasse dich töten."

Das Mädchen weinte bitterlich. Da ging auf einmal die Tür auf und ein kleines Männchen kam herein. „Warum weinst du?", fragte er.

„Weil ich dieses Stroh zu Gold spinnen soll", schluchzte sie. „Dabei verstehe ich nichts von dieser Kunst!"

„Was gibst du mir, wenn ich es für dich mache?"

„Meine Halskette", sagte die Müllerstochter eifrig.

Das Männchen nahm ihre Halskette und setzte sich ans Spinnrad und – schnurr, schnurr, schnurr – am nächsten Morgen waren alle Spulen voller Gold. Als der König das sah, ergriff Gier sein Herz. Er schloss die Müllerstochter in einen großen Raum ein, der ebenfalls voller Stroh war und sagte, sie müsse vor dem Morgen alles zu Gold spinnen, wenn ihr Leben ihr lieb sei.

GARN SPINNEN
Die Spinn- und Nähstuben der Burgen und Häuser waren die reinsten Geschichtenschmieden. Die Arbeit, die hier von Frauen verrichtet wurde, war sehr eintönig und ging durch Geschichtenerzählen leichter von der Hand. Deshalb kommen in Märchen oft Spindeln, Spinnräder und Nadeln vor.

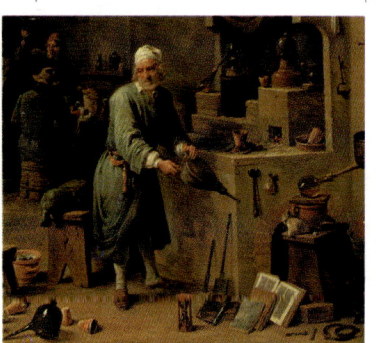

KÜNSTLICHES GOLD
Dieser Stich aus dem 16. Jh. zeigt einen Alchemisten bei der Arbeit. Er versucht gerade, wertlose Stoffe, wie Mist, in Gold zu verwandeln. In der Hoffnung auf großen Reichtum beschäftigten auch Fürsten Alchemisten. Sicher hätten sie Rumpelstilzchen gerne in ihre Dienste genommen.

Der Müller *Der König befiehlt dem Mädchen, Stroh zu Gold zu spinnen.*

Ein seltsames kleines Männchen bietet ihr an, für sie zu spinnen. Dafür gibt sie ihm ihre Kette.

RUMPELSTILZCHEN Deutschland

Wieder weinte das Mädchen und wieder erschien das kleine Männchen und fragte: „Was gibst du mir, wenn ich es für dich mache?"

„Meinen Ring", antwortete sie.

Das Männchen nahm ihren Ring und setzte sich ans Spinnrad ...

Das Herz des Königs tat einen Freudensprung, als er das Gold sah. Er schloss das Mädchen in einen Raum voller Stroh ein, der noch größer als die beiden anderen war und sagte: „Wenn du all dieses Stroh zu Gold spinnst, nehme ich dich zur Frau. Gelingt es dir aber nicht, dann musst du sterben."

Das kleine Männchen kam ein drittes Mal zur Müllerstochter und fragte sie: „Was gibst du mir, wenn ich es für dich mache?"

„Ich habe nichts mehr, das ich dir geben könnte", schluchzte sie.

Da sagte das Männchen: „So versprich mir, wenn du Königin wirst, dein erstes Kind."

Die Müllerstochter hatte keine andere Wahl. Sie willigte ein.

Als der König am nächsten Morgen das viele Stroh sah, dachte er: Ich werde keine bessere Frau finden! So machte er die Müllerstochter zu seiner Königin. Nach einem Jahr brachte die Königin einen gesunden Jungen zur Welt und dachte gar nicht mehr an das Männchen. Doch als sie ihr Kind eines Morgens stillte, stand es plötzlich vor ihr und sagte: „Nun gib mir, was du versprochen hast."

„Als ich das Versprechen gab, war ich arm und hatte nichts anderes für dich", erwiderte die Königin. „Jetzt aber kann ich dich reicher

DER WECHSELBALG
„Etwas Lebendes ist mir lieber als alle Schätze der Welt", sagt Rumpelstilzchen. Früher glaubte man, Feen würden Kinder stehlen. Mitunter ließen die Feen dann ein seltsam aussehendes Feenkind, einen so genannten Wechselbalg, anstelle des geraubten Kindes zurück. Wenn es gelang, diesen zum Lachen zu bringen, machten die Feen den Tausch rückgängig.

Das kleine Männchen setzt sich ans Spinnrad und – schnurr, schnurr, schnurr – füllt das Zimmer sich mit Gold.

Der König will das Mädchen heiraten.

„Nun gib mir, was du versprochen hast", sagt das Männchen.

SCHÄTZE UND LUMPEN

ZWERGENNAMEN
Rumpelstilzchen hat in einigen Ländern andere Namen, zum Beispiel: Panczimanczi (Ungarn), Purzinigele (Österreich), Whuppity Stoorie (Schottland), Ricdin-Ricdon (Frankreich), Tom Tit Tot (England), Trit a Trot oder Even Trot (Irland) und Trwtyn-Tratyn (Wales).

machen, als du dir zu erträumen wagst. Was nützt dir dagegen mein Kind?"

„Etwas Lebendes ist mir lieber als alle Schätze der Welt", erwiderte das Männchen. „Ich will haben, was du mir versprochen hast."

Die Königin bettelte und bat, bis er sagte: „Wenn du in drei Tagen meinen Namen weißt, darfst du dein Kind behalten."

Die Königin überlegte die ganze Nacht, wie das Männchen wohl heißen mochte. Als es am nächsten Morgen in ihr Zimmer kam, fragte sie ihn: „Ist dein Name Kaspar?"

„So heiße ich nicht", entgegnete das kleine Männchen.

„Melchior?"

„So heiße ich nicht."

„Balthasar?"

„So heiße ich nicht."

Sie versuchte es mit jedem Namen, den sie je gehört hatte, aber die Antwort war immer: „So heiße ich nicht."

Sie trug ihrem Diener auf, überall nach ungewöhnlichen Namen zu suchen. Am zweiten Tag probierte sie alle aus, aber das Männchen antwortete immer nur: „So heiße ich nicht."

Am dritten Tag berichtete der Diener: „Ich konnte keinen einzigen neuen Namen finden. Aber als ich durch den Wald ging, kam ich zu einem hohen Berg. Auf dem Berg stand ein kleines Haus. Davor brannte ein Feuer, um das ein kleiner Mann herumhüpfte und sang:

‚Heute back ich, morgen brau ich, übermorgen hole ich der Königin ihr Kind. Ach, wie gut, dass niemand weiß, dass ich Rumpelstilzchen heiß.'"

Am nächsten Morgen fragte der kleine Mann die Königin: „Nun, Frau Königin, wie heiße ich?"

„Heißt du Kunz?"

„So heiße ich nicht."

„Heißt du Heinz?"

„So heiße ich nicht."

„Heißt du etwa Rumpelstilzchen?"

„Das hat dir der Teufel gesagt!", kreischte das Männchen und stampfte vor Wut mit dem rechten Fuß so fest auf, dass sein Bein im Boden versank. Da packte es seinen linken Fuß mit beiden Händen und riss sich selbst entzwei.

Rumpelstilzchen singt laut seinen Namen; er weiß nicht, dass jemand zuhört.

GRILLE, DER WAHRSAGER ~ Trinidad

Grille, der Wahrsager

IN DIENER, EINE DIENSTMAGD und ein Koch stahlen einem König einst einen Ring. Daraufhin ließ der König bekannt geben, dass er einen Wahrsager suche.

Ein armer hungriger Matrose namens Grille erfuhr es und dachte: „Das ist eine Möglichkeit, um an drei Mahlzeiten am Tag zu kommen." Er ging zu dem König und gab sich als Wahrsager aus. Der König bat Grille den verschwundenen Ring mithilfe seiner besonderen Fähigkeiten zu suchen. Am nächsten Morgen brachte der Diener Grille das Frühstück. Grille, der nur an seine drei Mahlzeiten dachte, murmelte: „Das ist Nummer eins!" Der Dieb rannte schuldbewusst hinaus. Mittags brachte die Dienstmagd seine Speisen. Grille war immer noch sehr hungrig; er sagte: „Das ist Nummer zwei". Die Magd zitterte vor Angst, als sie aus dem Zimmer ging. Abends servierte ihm der Koch sein Essen. Grille seufzte zufrieden: „Und das ist Nummer drei!" Da warf sich der Koch vor Grille zu Boden. „Gnade, Herr! Ich gebe dir fünfzig Dollar, wenn du uns nicht verrätst!" Grille, der ein kluger Kopf war, wenn ihm nicht gerade der Magen knurrte, sagte lachend: „Gib mir das Geld und stecke einem Truthahn den Ring in den Kropf."

Dann ging Grille zum König. „Ich weiß, wo der Ring ist", verkündete er. „Kommt mit in den Hof." Im Hof zeigte Grille auf den Truthahn. „Schneidet ihm den Kopf ab und schaut in seinen Kropf." Der Truthahn wurde geköpft und der Ring kam zum Vorschein. Der König überhäufte Grille mit Geschenken und veranstaltete ein Fest, damit all seine Freunde den wunderbaren Wahrsager kennen lernen konnten.

„Fragt ihn, was ihr wollt", sagte der König. „Er weiß alles."

Einer der Gäste fing heimlich eine Grille, ging damit zu Grille und fragte ihn: „Was halte ich in meinen Händen?" Grille hatte keine Ahnung. „Los, sag es!", drängten die Gäste des Königs.

„D-d-das i-i-ist zu-zu leicht", stotterte Grille.

„Hoffentlich", knurrte der König, „oder der Truthahn hat heute nicht als Einziger seinen Kopf verloren." Grille sah, dass er verloren war. „Um Grille steht es schlecht", seufzte er. Der Gast öffnete seine Hände und eine Grille sprang heraus! Der König war stolz auf Grille und machte ihn zu einem reichen Mann, so dass er bis an sein Lebensende drei warme Mahlzeiten am Tag essen konnte.

GUT GERATEN
Dies ist die auf Trinidad erzählte Version eines weit verbreiteten Märchens. Eine deutsche Fassung mit dem Titel „Doktor Allwissend" gibt es von den Brüdern Grimm. Geschichten von zufällig richtig erratenen Antworten werden in aller Welt erzählt – vielleicht weil viele arme Leute glauben, nur durch einen Zufall reich werden zu können. Die Ansicht von Trinidad wurde von Albert Goodwin gemalt.

Grille Der König

Was hält der Gast in seinen Händen?

SCHÄTZE UND LUMPEN

Mushkil Gushá

ES WAREN EINMAL ein Brennholzsammler, seine Frau und seine Tochter. Eines Tages hatten sie nichts mehr zu essen und so ging der Brennholzsammler in die Wüste, um Dornenranken zu schneiden. Er kehrte erst spätnachts zurück und fand die Haustür verschlossen vor. Weil er so müde war, schlief er vor dem Haus ein. Am nächsten Morgen ging er wieder in die Wüste und kehrte auch dieses Mal so spät zurück, dass er vor der Tür schlafen musste.

In der dritten Nacht war die Tür ebenfalls verschlossen. Dieses Mal war er so hungrig und durstig, dass er zu Boden sank. Alles schien sich um ihn herum zu drehen und er glaubte einen Mann zu hören, der ihm sagte: „Brennholzsammler! Draußen in der Wüste verschenkt jemand Brot und Reis!" Er wankte in die Wüste hinaus, fand dort jedoch niemanden. Als er nach Hause zurückkehrte, sah er, dass jemand sein Bündel Dornenzweige angezündet hatte. Sie waren verbrannt und verkohlt. Er legte sich auf den Boden und weinte. „Was ist los mit dir?", fragte ein Fremder. Der Brennholzsammler erzählte, was geschehen war, und der Fremde sagte: „Sprich sieben Gebete, schließe deine Augen und steige hinter mir aufs Pferd." Der Fremde ritt mit ihm an einen Ort, an dem Kieselsteine jeder Größe lagen und sagte: „Sammle so viele, wie du willst." Der Brennholzsammler wollte keine Steine, aber er packte sie aus Höflichkeit in seinen Beutel und seine Taschen.

DURSTIGES LAND
Dieses Märchen spielt in der iranischen Wüste, in der außer einigen Akazien nur Dornenbüsche wachsen.

SCHUTZENGEL
In dieser Geschichte vermischen sich traditionelle Überlieferungen und Religion. Mushkil Gusha, den geheimnisvollen Reiter, kann man sich so ähnlich vorstellen wie den Krieger hier oben. Als Dank für seine Hilfe erwartete er Treue.

Mushkil Gusha

Der Fremde befiehlt ihm, Steine zu sammeln und mit nach Hause zu nehmen.

Ein Brennholzsammler trifft Mushkil Gusha.

Mushkil Gusha Iran

Der Fremde brachte ihn wieder nach Hause und sagte: „Sprich sieben Gebete, öffne deine Augen und steig ab. Vergiss niemals Mushkil Gusha, den Beseitiger von Schwierigkeiten. Erzähle jeden Freitag die Geschichte von Mushkil Gusha und verschenke ihm zu Ehren Datteln und Rosinen." Der Brennholzsammler versprach es. Dann stieg er vom Pferd und klopfte an. Seine Frau und seine Tochter ließen ihn ein und er erzählte, was er erlebt hatte. Nachdem er die Kieselsteine in eine Ecke geschüttet hatte, ging er schlafen. Später in der Nacht wurden er und seine Frau von einem Licht geweckt. Es war rein wie Mondlicht und kam von den Kieselsteinen in der Ecke. Sie hatten sich in wertvolle Edelsteine verwandelt! Am nächsten Tag wollte die Frau einem Juwelier im Basar einen der Edelsteine verkaufen. Dieser bot ihr dafür zehn Goldmünzen. Die Frau, die in ihrem ganzen Leben noch nie zehn Kupfermünzen auf einmal besessen hatte, sagte: „Mach dich nicht über mich lustig." Da bot der Juwelier ihr zwanzig Goldmünzen an. „Mach dich nicht über mich lustig", wiederholte die Frau. So ging es immer weiter, bis sie verzweifelt ausrief: „Gib mir doch einfach nur, was er wert ist!" Der Juwelier gab ihr hundert Goldmünzen.

Nun litten der Brennholzsammler und seine Familie keine Not mehr. Als seine Tochter in einem Palast wohnen wollte, baute er ihr einen, genau gegenüber dem Palast der Prinzessin. Die Prinzessin

EINKAUFSZENTRUM
Der Basar, auf dem die Frau des Brennholzsammlers den Edelstein verkauft, ist ein typisches Merkmal der Städte im Nahen Osten. An den Ständen in seinen Straßen kann man alles kaufen – von Lebensmitteln bis hin zu Antiquitäten. Feilschen gehört hier unbedingt dazu.

Die Frau und die Tochter
Die Frau des Mannes verkauft im Basar einen Edelstein.
Die Prinzessin
Die Kiesel werden zu Edelsteinen.
Der Brennholzsammler baut seinen Palast gegenüber dem der Prinzessin.

SCHÄTZE UND LUMPEN

Die Tochter des Brennholzsammlers

Die Prinzessin

Beim Baden hängt die Prinzessin ihre Kette in einen Baum.

Der Zuhörer

Der Mann wird beschuldigt, die Kette gestohlen zu haben – bis sich ein Zuhörer für die Geschichte von Mushil Gusha findet.

Am nächsten Tag wird die Kette gefunden und der Brennholzsammler dank Mushkil Gusha befreit.

wollte wissen, wer den prächtigen Palast gebaut hatte. Sie lud die Tochter des Brennholzsammlers zu einem Picknick ein. Sie ritten zu einem See und aßen dort zu Mittag. Dann badeten sie. Die Prinzessin hängte ihre Kette in einen Baum. Die beiden Mädchen spielten den ganzen Nachmittag im Wasser. Am nächsten Morgen vermisste die Prinzessin ihre Kette. Sie beschuldigte die Tochter des Brennholzsammlers, sie gestohlen zu haben. Alle seine Besitztümer wurden beschlagnahmt und er wurde an den Pranger gestellt.

Seit der Nacht, in der Mushkil Gusha zum ersten Mal kam, habe ich mich nicht mehr so elend gefühlt, dachte er. Dann erinnerte er sich beschämt, dass heute Freitag war und dass er Mushkil Gusha versprochen hatte, jeden Freitag seine Geschichte zu erzählen. Aber er hatte es immer vergessen. Zu seinen Füßen fand er eine Kupfermünze. Er hielt sie den Vorbeigehenden entgegen und rief: „Kauft davon Datteln und Rosinen und hört die Geschichte von Mushkil Gusha." Aber niemand blieb stehen. Nach einer Weile kam ein Mann vorbei, der auf dem Basar ein Leichentuch für seinen sterbenden Sohn kaufen wollte. Der Mann dachte: „Für meinen Sohn kann ich nichts mehr tun. Wenn ich diesem armen Kerl zuhöre, ist das eine barmherzige Tat." So kaufte er mit der Münze Datteln und Rosinen und hörte sich die Geschichte von Mushkil Gusha an.

Als der Mann wieder zu Hause war, sah er, dass sein Sohn sich auf wunderbare Weise erholt hatte. Am nächsten Morgen ging eine Dienerin der Prinzessin zufällig am See spazieren und fand die Kette in dem Baum. Der Brennholzsammler wurde freigelassen und erhielt sein Vermögen und seinen Palast zurück.

Möge Gott, der die Wünsche des Brennholzsammlers erfüllte, auch die Wünsche der Menschheit erfüllen. Segen dir, o Mushkil Gusha!

GLÜCKSBRINGER
Als dieses Märchen 1919 aufgeschrieben wurde, war es üblich, das alte Frauen am Donnerstag fasteten und am Freitagabend einem Kind die Geschichte von Mushkil Gusha erzählten. Das sollte Glück bringen.

Ich ass das Brot · Spanien

Ich aß das Brot

Drei Männer – zwei aus der Stadt und einer vom Land – begaben sich auf eine Pilgerreise nach Mekka und einigten sich darauf, unterwegs ihr Essen zu teilen. Aber sie hatten nicht genug dabei und zuletzt reichte ihr Mehl nur noch für ein kleines Brot. Während es buk, unterhielten die beiden Städter sich. „Das Brot reicht nicht für drei", sagte der eine. „Wir brauchen einen Plan", sagte der andere. Sie steckten die Köpfe zusammen; dann sagten sie zu dem Mann vom Land: „Es ist nicht genug Brot für uns alle da. Deshalb wollen wir es bis morgen früh aufheben. Wer in der Nacht den wunderbarsten Traum hatte, soll es bekommen." Der Mann vom Land war einverstanden. Als aber die beiden Städter schliefen, stand er auf und aß das Brot.

Am nächsten Morgen wachte er als Erster auf. Er stellte sich schlafend und hörte, wie die Städter miteinander flüsterten: „Ich sage, ich träumte, dass mich zwei Engel in den Himmel brachten", sagte der eine.

„Und ich werde sagen, ich träumte, dass mich zwei Engel in die Hölle brachten", sagte der andere.

Da tat der Mann vom Land, als wache er auf. „Was? Ihr seid zurück?", rief er aus.

„Wie meinst du das?", fragten die Städter.

„Ach, ich träumte, dass zwei Engel kamen und den einen von euch in den Himmel und den anderen in die Hölle brachten. Ich erwartete nicht, euch jemals wieder zu sehen. Deshalb aß ich das Brot!"

Während der Mann vom Land bäckt, unterhalten sich die beiden anderen.

Ein Mann „träumt", in den Himmel zu kommen.

Der andere „träumt", in die Hölle zu kommen.

Der Mann vom Land „träumt", dass beide tot sind.

Heilige Stadt
Mekka in Saudi-Arabien ist die Geburtsstadt des Propheten Mohammed und die heilige Stadt des Islam. Wie die Figuren in diesem Märchen machen viele Muslime mindestens einmal im Leben eine Pilgerfahrt (*Hadsch*) nach Mekka. Die Pilger besuchen u.a. die Große Moschee (siehe oben).

Anpassungsfähig
Diese Geschichte stammt aus einer Sammlung, die Petrus Alfonsus von Aragon im Mittelalter auf Latein zusammenstellte. Sie wird sowohl in der arabischen als auch in der jüdischen Erzählkultur überliefert und ist auch in vielen anderen Ländern bekannt. Sie kann beim Erzählen leicht so verändert werden, dass der Brotesser der gleichen Kultur angehört wie das Publikum.

SCHÄTZE UND LUMPEN

Das Mädchen, das Perlen auskämmte

Das Mädchen erbt Zauberkamm und Handtuch.

Beim Kämmen fallen ihr Perlen aus dem Haar.

Ihr Bruder zeigt dem König eines fernen Landes eine Hand voll Perlen.

GOLDENER MUND
In anderen Versionen dieses Märchens fallen dem Mädchen beim Sprechen Goldstücke oder Edelsteine aus dem Mund. Aus dem Mund ihrer neidischen Rivalin fallen dagegen nur Kröten.

ES WAR EINMAL eine Frau, die hatte eine Tochter und einen Sohn, der Seemann war. Eines Tages wurde die Mutter krank. Sie rief ihre Tochter zu sich und sagte: „Ich kann dir nicht mehr hinterlassen als dieses Handtuch und diesen Kamm. Benutze die Sachen und denke an mich." Dann starb sie. Von diesem Tag an trocknete sich das Mädchen immer mit dem Handtuch und kämmte sich mit dem Kamm. Jedes Mal, wenn sie es tat, fielen Perlen aus ihrem Haar und von ihrer Haut. Sie erzählte es ihrem Bruder und dieser beschloss: „Ich werde die Perlen auf meine nächste Reise mitnehmen und verkaufen." Er segelte in ein fernes Land und zeigte die Perlen dort dem König. Außerdem erzählte er ihm von seiner Schwester, ihrem Handtuch und ihrem Kamm. „Ich will nicht nur diese Perlen", rief der König aus, „sondern ich will auch deine Schwester sehen. Wenn das wahr ist, was du gesagt hast, heirate ich sie. Wenn es nicht wahr ist, lasse ich dich töten." Der Bruder fuhr froh nach Hause zurück. Seine Schwester war so entzückt, dass sie alles der Nachbarin erzählte: „Ich werde eine Königin sein!"

„Wenn du so reich sein wirst", erwiderte ihre Nachbarin, die eine Hexe war, „wirst du nichts dagegen haben, wenn meine Tochter und ich dich begleiten." Auf der Fahrt vergiftete die Nachbarin das Mädchen und es wurde ohnmächtig. Ihr Herz stand still, sie tat keinen Atemzug mehr. Ihr weinender Bruder setzte sie auf See bei. „Jetzt, da meine Schwester tot ist, müssen wir umkehren, sonst lässt der König mich köpfen", seufzte er.

„Und ein Vermögen verlieren?", fragte die Nachbarin. „Warum geben wir meine Tochter nicht für deine Schwester aus? Sie kann das Handtuch und den Kamm nehmen und der König wird nichts erfahren." Widerstrebend willigte der Bruder ein. Sie erreichten den Hafen und gingen zum Schloss des Königs. Der Seemann sagte zum König: „Ich

Das Mädchen, das Perlen auskämmte — Portugal

habe meine Schwester gebracht, damit sie Eure Frau wird."

„Zuerst will ich sehen, wie sie sich die Perlen aus dem Haar kämmt", antwortete der König. Das Mädchen nahm den Kamm, aber anstelle von Perlen fielen nur Schuppen aus ihrem Haar. Der wütende König befahl, dass der Seemann in den Kerker geworfen und später hingerichtet werden sollte. An diesem Tag wollte der Koch des Schlosses Fische fangen. Am Strand lag ein toter Wal, aus dem eine Stimme erklang. Er schnitt den Bauch des Wals auf – und eine schöne junge Frau kletterte heraus. Sie erzählte dem Koch eine seltsame Geschichte. Er glaubte ihr nicht so recht, versteckte sie aber im Schloss. Hier konnte sie nur aus dem Fenster schauen. Eines Tages erblickte sie draußen Zylindra, den Hund ihres Bruders. „Wie geht es meinem Bruder?", rief das Mädchen.

„Er wartet auf den Tod", antwortete der Hund. Der Koch erzählte alles dem König. Am nächsten Tag versteckten sie sich und warteten. Sie hörten das Mädchen fragen: „Wie geht es meinem Bruder?" Der Hund antwortete: „Er wird heute sterben." Da bat der König die junge Frau, sich mit dem Kamm die Haare zu kämmen. Ein Strom von Perlen fiel zu Boden. Der König heiratete sie und ließ ihren Bruder frei. Die böse Nachbarin und ihre Tochter jedoch mussten sterben.

Der Koch schneidet den Bauch des Wals auf – und eine schöne junge Frau klettert heraus.

Zylindra, der Hund

Vom Fenster aus sieht das Mädchen den Hund ihres Bruders.

ZUR SEE FAHREN
Dieses Modell einer so genannten *Karavelle* aus dem 15. Jh. erinnert an Portugals Vergangenheit als Seefahrernation. Mutige Männer wie der Bruder unserer Heldin stachen in See, um an den Küsten Afrikas, Arabiens, des Orients und der Gewürzinseln ihr Glück zu suchen.

WALGESCHICHTEN
Auch die Holzpuppe Pinocchio wurde im Verlauf ihrer Abenteuer einmal von einem Wal verschlungen. Charles Folkard malte dieses Bild des Helden von Carlo Collodis 1883 erschienenem Buch.

SCHÄTZE UND LUMPEN

Das ist gelogen!

VOR LANGER ZEIT lebte ein König, dessen Tochter eine furchtbare Schwindlerin war. Der König ließ verkünden, dass der Mann, der sie im Schwindeln übertraf und dazu brachte, „Das ist gelogen!" zu sagen, sie zur Frau bekommen würde und das halbe Königreich dazu. Viele junge Männer versuchten ihr Glück, aber ihre nicht sehr einfallsreichen Geschichten regten die Prinzessin nur zu immer wilderen Lügenmärchen an.

Eines Tages kamen drei Brüder. Der erste ging prahlend ins Schloss und kam mürrisch heraus; der zweite ging stolz hinein und kam wütend heraus. Die Prinzessin hatte ihnen gar nicht richtig zugehört. Zuletzt schlenderte der jüngste Bruder, der Aschenjunge genannt wurde, ins Schloss. „Das sieht ja hier nicht so toll aus", sagte er.

„Ich glaube nicht, dass dein Elternhaus so groß ist", erwiderte sie. „Wenn zwei Schäfer an den entgegengesetzten Seiten des Hofes stehen und in ihre Hörner stoßen, kann der eine den anderen nicht hören!"

„Unser Hof ist viel größer", sagte der Junge. „Wenn wir ein Schaf geschoren haben, lassen wir es einmal um den Hof laufen. Kommt es wieder am Ausgangspunkt an, ist es bereits Zeit für die nächste Schur!"

Der jüngste Bruder und die Prinzessin erzählen sich im Schlosshof Geschichten.

„Dafür habt ihr nicht so einen großen Ochsen wie wir", meinte die Prinzessin. „Wenn auf jedem seiner Hörner ein Mann sitzt, können sie einander selbst mit Schäferstöcken nicht berühren!"

„Das ist doch gar nichts", sagte der Junge. „Wenn auf den Hörnern unseres Ochsen zwei Männer Trompete blasen, können sie einander nicht hören!"

Die Prinzessin runzelte die Stirn. „Dafür haben wir so viel Milch, dass wir unsere Kühe in Kannen melken, die Milch dann in riesige Wannen gießen und daraus Käselaibe so hoch wie Wagenräder machen!"

BESTE LÜGE
Wettlügen kommt in Märchen aus aller Welt vor, diese besondere Art aber ist typisch für Skandinavien. In England erzählt man die Geschichte von einem Lügnerwettstreit, der in einem Dorf stattfand. Ein vorbeikommender Bischof tadelt die Teilnehmer mit den Worten: „Ich habe in meinem ganzen Leben noch keine Lüge erzählt." Er erhält sofort den Preis!

KÄSE MACHEN
Eine Frau drückt Verdauungssäfte aus dem Magen eines Kalbs. Dieses Ferment lässt Milch zu Käse gerinnen. Die mit früher üblichen Methoden hergestellten Käselaibe waren winzig, verglichen mit dem Käse, mit dem unsere Helden hier prahlen.

DAS IST GELOGEN! 🍂 Norwegen

„Wirklich?", entgegnete der Junge. „Wir melken unsere Kühe in Wannen, leeren sie in riesige Braukessel aus und machen Käselaibe so hoch wie Häuser. Wir hatten eine alte Stute, die durch die geronnene Milch lief, um sie umzurühren. Eines Tages fiel sie hinein und verschwand. Nachdem wir sieben Jahre lang von diesem Käselaib gegessen hatten, fanden wir darin die lebendige Stute. Ihr Rückgrat war gebrochen, aber ich machte ihr aus einer jungen Tanne ein neues. Die Tanne wurde dann noch so hoch, dass ich an ihr bis in den Himmel hinaufklettern konnte. Dort spann die Jungfrau Maria den Schaum der Wellen zu einem groben Seil. In diesem Augenblick brach der Stamm der Tanne und ich hätte nicht mehr zur Erde zurückgekonnt, wenn die Heilige Jungfrau mir nicht ein Seil gegeben hätte. Ich rutschte daran hinunter und geradewegs in ein Fuchsloch. Und darin traf ich meine Mutter und deinen Vater, die zusammen Schuhe flickten! Meine Mutter gab deinem Vater gerade eine so heftige Kopfnuss, dass sich sein Schnurrbart aufrollte."

„Das ist gelogen!", rief die Prinzessin. „Mein Vater würde nie Schuhe flicken!"

Und so errang der jüngste Bruder die Hand der Prinzessin und das halbe Königreich dazu.

Die Jungfrau Maria

Der jüngste Bruder

Die Mutter des Jungen gibt dem Vater der Prinzessin eine Kopfnuss.

Der Junge rutscht am Seil der Jungfrau Maria hinunter und geradewegs in ein Fuchsloch.

SCHÄTZE UND LUMPEN

Das Boot, das über Land fuhr

ES WAR EINMAL ein altes Ehepaar, das hatte drei Söhne. Nun hatte der König des Landes verkündet, er wolle seine Tochter dem Mann zur Frau geben, der ein Boot baute, das über Land fahren konnte. So ging der älteste Sohn in den Wald, um ein Boot zu bauen. Dort fragte ihn eine alte Frau, was er mache. „Bretter, du Hexe", fuhr er sie an. „Das sollst du auch", sagte die alte Frau. Und was er ab da auch tat, es wurden immer Bretter daraus. Als die Reihe an den zweiten Sohn kam, sagte er der Alten unfreundlich, er mache Löffel. Und das war dann alles, was *er* machte. Jean, dem Jüngsten, stellte die alte Frau die gleiche Frage.

„Ich baue ein Boot, das über Land fährt", sagte er höflich.

„Ich wünsche dir viel Glück dabei", antwortete sie und ging fort.

Jean arbeitete hart. Die Alte kam wieder, als die Sonne unterging und er den letzten Nagel einschlug. „Das Boot ist fertig", rief er.

„Aber es hat keine Segel", sagte sie. Jean wusste nicht, wo er Segel auftreiben sollte, aber die Alte sagte: „Suche so viele Lumpen wie möglich zusammen und bringe sie morgen her."

Am nächsten Morgen verwandelte sie die Lumpen in Segel und Jean segelte über Land zum Palast des Königs. Unterwegs traf er einen Mann, der neben einer versiegten Quelle lag. „Was tust du da?", fragte Jean.

„Ich habe diese Quelle leer getrunken und warte nun, dass sie sich wieder füllt", kam als Antwort. „Mein Name ist Kühner Trinker."

„Komm und fahr mit mir", sagte Jean.

Bald trafen sie einen Mann, der Steine ableckte. „Diese Steine waren

Mit ihrem Zauberstab verwandelt die alte Frau Jeans Lumpen in Segel.

EINWANDERER-GESCHICHTE
Dieses Märchen wurde von Joseph Médard Carrière 1934 in französischem Dialekt in Missouri (USA) aufgenommen. Die dortige Französisch sprechende Bevölkerung stammt von Einwanderern ab, die im 18. Jh. aus Acadia (Kanada) nach Louisiana kamen. Dieses Märchen ist in ganz Europa bekannt, in Deutschland als „Sechse kommen durch die ganze Welt" (Brüder Grimm). In manchen Versionen fliegt das Schiff.

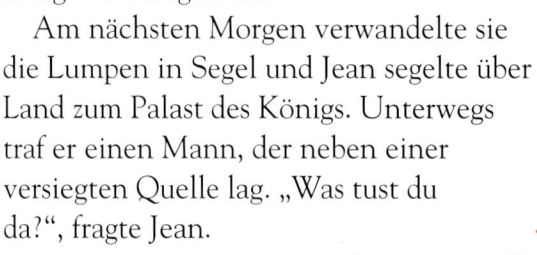

Der Palast des Königs

In der Hoffnung, die Hand der Prinzessin zu erringen, fährt Jean mit seinen Freunden zum Palast.

DAS BOOT, DAS ÜBER LAND FUHR ⬥ *Nordamerika*

Teil eines Ofens und sie schmecken noch nach Brot", sagte der Mann. „Mein Name ist Gieriger Esser."

„Komm und fahr mit mir", sagte Jean. Darauf trafen sie Großen Puster, der quer über den Ozean pustete, damit sich die Flügel einer Windmühle drehten; Scharfes Gehör, der das Getreide wachsen hörte; und Schnellen Läufer, der mit Kaninchen um die Wette lief. Sie alle gingen mit Jean zum König.

Der König war nicht begeistert, seine Tochter einem zerlumpten Burschen wie Jean geben zu müssen. Er sagte, Jean solle erst noch einen Mann finden, der seinen Weinkeller leer trank. Kühner Trinker leerte jedes Fass! Danach sollte Jean jemanden finden, der ein Festessen für hundert Gäste aufessen konnte. Gieriger Esser tat es und war hinterher nicht einmal satt!

Nun sollte Jean jemanden finden, der mit der Prinzessin um die Wette zur Quelle und zurück lief. Schneller Läufer war schon auf halbem Weg zurück, bevor die Prinzessin die Quelle erreichte. So machte er ein Nickerchen. Jean fragte, wo er sei. Scharfes Gehör legte sein Ohr auf den Boden und sagte: „Ich höre ihn schnarchen. Er ist eingeschlafen und die Prinzessin hat ihn überholt." Großer Puster blies die

FLUSSKÖNIGINNEN
Auf dem Mississippi fahren immer noch Dampfschiffe. Heute befördern sie nur Touristen; im 19. Jh. aber waren „die Königinnen der Flussschiffe" wichtige Transportmittel. Vielleicht gaben die großen Schiffe die Anregung zur Erfindung unseres Märchens.

Kühner Trinker — *Gieriger Esser* — *Scharfes Gehör* — *Großer Puster* — *Schneller Läufer*

Keine Aufgabe ist Jeans Freunden zu schwer: Kühner Trinker leert den Weinkeller des Königs und Gieriger Esser isst so viel wie hundert Mann!

Prinzessin zur Quelle zurück und weckte Schnellen Läufer.

Jean und die Prinzessin heirateten. Kühner Trinker, Gieriger Esser, Schneller Läufer, Scharfes Gehör und Großer Puster lebten bis ans Ende ihrer Tage bei ihnen.

Damit Jean die Prinzessin heiraten kann, muss sie im Wettlauf besiegt werden. Scharfes Gehör, Schneller Läufer und Großer Puster stehen Jean zur Seite!

SCHÄTZE UND LUMPEN

Fauler Jack

EIN JUNGE NAMENS Jack lebte mit seiner Mutter in einer kleinen Hütte. Sie waren sehr arm. Die alte Frau verdiente sich ein wenig Geld mit Näharbeiten. Jack aber saß im Winter nur am Feuer und lag den ganzen Sommer über in der Sonne.

Schließlich sagte seine Mutter: „Arbeite für dein Essen oder du bekommst keines mehr." So ging Jack zu einem Bauern und arbeitete für einen Penny am Tag. Aber auf dem Heimweg fiel ihm die Münze in einen Bach und er fand sie nicht mehr wieder.

„Dummer Kerl!", schimpfte die Mutter, als er es ihr erzählt hatte. „Du hättest ihn in die Tasche stecken sollen."

„Nächstes Mal denke ich daran", versprach Jack. Am folgenden Tag hütete er für einen anderen Bauern die Kühe. Als Lohn bekam er am Abend einen Krug Milch. Jack steckte den Krug in seine Tasche – so wie es ihm seine Mutter gesagt hatte. Doch beim Gehen schwappte ständig Milch über, so dass zuletzt nichts mehr übrig war.

„Du Dummkopf!", schimpfte seine Mutter. „Du hättest ihn auf dem Kopf tragen sollen."

„Nächstes Mal denke ich daran", versprach Jack. Am Tag darauf bekam Jack als Lohn für seine Arbeit einen Frischkäse. Jack legte ihn sich auf den Kopf. Als er zu Hause ankam, war ihm der weiche Käse über die Haare gelaufen.

„Du Strohschädel!", schimpfte die Mutter. „Du hättest ihn in den Händen halten sollen!"

SILBERMÜNZE
Bis zur Mitte des 17. Jh. waren die englischen Pennys noch aus Silber. Deshalb war ein Penny am Tag kein schlechter Lohn.

Der Penny fällt in einen Bach.

Der Milchkrug kippt in Jacks Tasche um.

Jacks Mutter schimpft ihn aus.

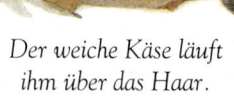

Der weiche Käse läuft ihm über das Haar.

WIEDER FALSCH!
Geschichten von einfältigen Burschen, die alles falsch machen, sind besonders in Europa sehr verbreitet. Allein in Irland und Finnland wurden hunderte von Versionen gesammelt. Märchen dieses Typs sind aber auch in Asien und Afrika bekannt. Diese Fassung stammt aus Yorkshire (England).

Fauler Jack — England

Der Kater kratzt ihn so heftig, dass Jack ihn loslassen muss.

Am nächsten Tag arbeitete er bei einem Bäcker, der ihm als Lohn einen Kater gab. Jack hielt ihn in den Händen, aber der Kater kratzte ihn so schlimm, dass er ihn schon bald loslassen musste. „Du Tölpel!", schimpfte die Mutter. „Du hättest ihn an eine Schnur binden und hinter dir herziehen sollen."

Am folgenden Tag verdingte Jack sich bei einem Metzger, der ihn mit einer Hammelkeule bezahlte. Jack band eine Schnur an die Keule und zog sie hinter sich her. Als er mit ihr nach Hause kam, sah sie schmutzig und unappetitlich aus.

Jack schleift die Hammelkeule hinter sich her.

DIE LACHENDE BRAUT
Ein reiches Mädchen, das noch nie lachte, kommt auch in „Die goldene Gans" der Brüder Grimm vor. Dummling, der Held, findet eine goldene Gans. Jeder, der sie berührt (ausgenommen Dummling) klebt an ihr oder an seinem Vorgänger fest. Als das Mädchen Dummling mit der seltsamen Prozession sieht, muss sie lachen. Später wird sie seine Braut.

„Du Narr!", schimpfte die Mutter. „Du hättest sie dir auf den Rücken laden sollen."

Am nächsten Tag arbeitete Jack wieder für einen Bauern, der ihm einen Esel als Lohn gab. Jack war ein kräftiger Junge; trotzdem fiel es ihm nicht leicht, sich den Esel auf den Rücken zu laden. Er ächzte und stöhnte unter seinem Gewicht.

Auf dem Heimweg kam Jack am Haus eines reichen Mannes vorbei, dessen schöne Tochter noch nie gelacht hatte. Der Vater hatte verkündet, dass er sie dem Mann zur Frau geben würde, der sie zum Lachen brachte. Dieses Mädchen sah gerade gelangweilt aus dem Fenster, als draußen Jack mit seiner Last vorbeischwankte; der Esel streckte seine Beine steif in die Luft. Die Tochter des reichen Mannes konnte nicht anders: Sie musste lachen und hörte nicht mehr auf. Sie und Jack heirateten und lebten glücklich in dem großen Haus, zusammen mit ihrem Vater und Jacks Mutter. Jack musste nie wieder arbeiten gehen.

Jack trägt einen Esel auf dem Rücken.

Bei Jacks Anblick bekommt das Mädchen einen Lachanfall.

SCHÄTZE UND LUMPEN

Prinz Nesseln

STANDESGEMÄSS
Schloss Vajdahunyad in Budapest hätte sicher auch König Gelber Hammer aus diesem Märchen gefallen.

ES WAR EINMAL ein Müller, der war so stolz, dass er dachte, ein Ei könne sich glücklich schätzen, wenn er darauf trat. Er hatte eine schöne Mühle. Da er aber fand, sie sei nicht gut genug für ihn, machte er sich auf die Suche nach einer neuen. Er wanderte durch sieben mal sieben Länder und kam schließlich zu einer verwahrlosten Mühle. Sie war mit Nesseln überwachsen, aber der Müller richtete sie wieder her. Er arbeitete, bis seine Kleider zerlumpt waren. Dann wartete er in seiner schönen Mühle auf Kundschaft. Er wartete und wartete, aber niemand kam.

Eines Tages jagten Jäger einen Fuchs. Der Fuchs lief zum Müller und bat, ihn zu verstecken. Der Müller warf einen alten Sack über den Fuchs. Als die Hunde auf seiner Fährte zur Mühle kamen, jagte er sie davon. Der Fuchs kroch unter dem Sack hervor und sagte: „Danke. Jetzt werde ich etwas für *dich* tun. Würdest du gerne heiraten?"

„Ich habe nichts als diese Lumpen", seufzte der Müller. „Wie kann ich hoffen, irgendein Mädchen für mich einzunehmen?"

„Ich werde eine Braut für dich finden", sagte der Fuchs. Er lief durch sieben mal sieben Länder, bis er an den Hof von König Gelber Hammer kam. „Majestät", sagte der Fuchs, „ich bin der Botschafter von Prinz Nesseln. Er möchte Eure Tochter heiraten und sendet Euch als Zeichen seiner Wertschätzung

Der Fuchs bringt König Gelber Hammer einen Klumpen Gold und erzählt ihm, dass Prinz Nesseln die Königstochter heiraten will.

Ein Müller wartet, aber niemand will sein Getreide bei ihm mahlen.

Eines Tages rettet der Müller einen Fuchs vor den Jägern.

Die Königstochter

PRINZ NESSELN Ungarn

dieses Gold. Der Prinz bittet um Verzeihung, dass er Euch einen so dicken Klumpen schickt, aber er hatte gerade keinen kleineren da."

„Sagt Prinz Nesseln, dass wir nicht erwarten können, ihn zu sehen", erwiderte der König. So ging der Fuchs zum Müller zurück und sagte: „Vergiss nicht, ab jetzt bist du Prinz Nesseln. Komm mit und du wirst bald heiraten." Als das Königsschloss in Sicht kam, sagte der Fuchs: „Dies ist das Haus deiner Braut." Der Fuchs befahl dem Müller sodann, sich auszuziehen und in den Fluss zu springen. Dann lief er zum König und sagte: „Majestät, Prinz Nesseln fuhr in einer Kutsche, die mit Gold und Juwelen so überladen war, dass sie umstürzte und im Fluss versank. Ich konnte nur den Prinzen nackt aus dem Wasser retten!"

König Gelber Hammer schickte Diener mit einer Kutsche und feinen Kleidern, den Prinz zu holen. Nach einem Monat waren der Prinz und die Königstochter verheiratet. Eines Tages bat die Königstochter: „Liebster, bringe mich heim in dein Schloss." Der Müller machte sich Sorgen, aber der Fuchs sagte: „Überlass das mir."

Sie fuhren durch die fruchtbaren Ländereien der Hexe Vasfogu Baba. Überall, wo sie hinkamen, war der Fuchs schon vor ihnen gewesen. Er bestach die Bauern, damit sie sagten, das Land gehöre Prinz Nesseln. Zuletzt besuchte der Fuchs Vasfogu Babas Schloss.

„Sag mir, warum ich deine Knochen nicht zu Mehl zerdrücken soll", sagte die Hexe.

„Weil die französischen Soldaten kommen!", schrie der Fuchs. „Wir müssen uns alle verstecken. Komm, ich weiß einen Ort, an dem dich keiner findet." Die Hexe folgte dem Fuchs zu einem See ohne Grund. Er stieß sie hinein und möglicherweise fällt sie noch immer in seine endlose schwarze Tiefe. Dann kehrte der Fuchs zum Müller zurück und erklärte: „Du wurdest unter einem Glücksstern geboren, denn du bist der einzige Erbe von Vasfogu Baba, der Hexe."

Prinz Nesseln, seine Frau und der Fuchs lebten zusammen glücklich bis an ihr Lebensende.

HILFSBEREITE KATZE
Dieses Märchen ähnelt dem vom „Gestiefelten Kater" (hier eine Postkartenillustration aus dem 19. Jh.), das zum ersten Mal 1697 vom Franzosen Charles Perrault veröffentlicht wurde.

AUF DEM MISTHAUFEN
In einer längeren Version befiehlt ein undankbarer Prinz Nesseln, den Fuchs auf den Misthaufen zu werfen. Der Fuchs aber droht, sein Geheimnis zu verraten und der Prinz bittet um Verzeihung.

Die Kutsche des Königs

Der Fuchs macht den König Glauben, Prinz Nesseln hätte einen Unfall gehabt.

Die Hexe stürzt ins Wasser und Prinz Nesseln nimmt ihr Schloss.

DIE FLIEGE ❦ Vietnam

Die Fliege

Der reiche Mann sagt, dass die Fliege seinen Handel mit dem Jungen bezeugen wird.

DORFSTIMMUNG
Dieses Gemälde des vietnamesischen Künstlers Nguyen Van Ty vermittelt eine ähnliche Dorfstimmung wie unser Märchen. Die Beschämung eines reichen Angebers ist weltweit ein beliebtes Thema.

ES WAR EINMAL ein reicher Mann, der den armen Leuten der Gegend Geld lieh und viel zu viel Zinsen verlangte. Ein armer Bauer war schwer verschuldet. Deshalb wollte der reiche Mann nachsehen, ob es bei ihm etwas zu pfänden gab. Als er zur Hütte des Bauern kam, traf er dessen Sohn an, der im Hof spielte. „Sind deine Eltern da?", fragte er. „Nein", antwortete der Junge. „Mein Vater ist gegangen, um lebende Bäume zu fällen und tote zu pflanzen. Meine Mutter ist auf dem Markt; sie verkauft den Wind und kauft den Mond." Gleichgültig, ob der reiche Mann dem Jungen schmeichelte oder drohte, er gab immer die gleiche Antwort. Da sagte der reiche Mann: „Wenn du mir erklärst, was du damit meinst, erlasse ich euch eure Schulden. Der Himmel und die Erde sind meine Zeugen."

„Himmel und Erde können nicht sprechen", entgegnete der Junge. „Etwas Lebendes sollte unser Zeuge sein." Der reiche Mann zeigte auf eine Fliege, die auf dem Türrahmen saß. „Diese Fliege ist unser Zeuge", sagte er. Der Junge erklärte ihm: „Mein Vater ist gegangen, um Bambus zu schneiden und einen Zaun daraus zu machen, und meine Mutter verkauft am Markt Fächer, um Lampenöl für uns zu kaufen."

Der reiche Mann lachte. „Du bist ein kluger Kerl", sagte er. Ein paar Tage später aber kam der reiche Mann wieder und verlangte sein Geld. Der Junge sagte: „Vater, du brauchst nicht mehr zu bezahlen."

Doch der reiche Mann leugnete, jemals solch ein Versprechen gegeben zu haben. So kam der Fall vor den Richter. Der reiche Mann behauptete, er hätte den Jungen noch nie gesehen, geschweige ihm ein Versprechen gegeben. Der Junge widersprach.

„Hier steht Aussage gegen Aussage", sagte der Richter. „Ich kann kein Urteil sprechen, ohne einen Zeugen gehört zu haben."

„Es gab einen Zeugen", sagte der Junge. „Eine Fliege hat alles gehört." Zornig fragte der Richter, ob er sich über ihn lustig mache.

„Nein", sagte der Junge. „Da war eine Fliege. Sie war schwarz und fett und saß auf der Nase dieses Herrn."

„Du kleiner Lügner!", rief der reiche Mann. „Sie saß nicht auf meiner Nase, sondern auf dem Türrahmen!"

„Nase oder Türrahmen macht keinen Unterschied", sagte der Richter. „Du *hast* das Versprechen gegeben. Also ist die Schuld bezahlt."

Die endlose Geschichte

VOR LANGER ZEIT lebte ein König, der eine sehr schöne Tochter hatte. Der König liebte Geschichten über alles. Deshalb wollte er seine Tochter demjenigen zur Frau geben, der eine endlose Geschichte erzählen konnte. Wer das nicht konnte, sollte geköpft werden. Viele reiche junge Männer versuchten es, aber immer kamen sie an einen Punkt, an dem ihre Geschichte nicht mehr weiterging, und immer wurden sie geköpft. Zuletzt kam ein armer Mann an den Hof und bat, sein Glück versuchen zu dürfen. „Nur zu", sagte der König. Der arme Mann erzählte seine Geschichte. Und die ging so: „Es war einmal ein Mann, der baute eine Scheune, die viele Ar Land überspannte und fast so hoch wie der Himmel war. Er baute sie so gut, dass es nur ein Loch im Dach gab. Das Loch war so klein, dass nur eine Heuschrecke hindurchkrabbeln konnte. Der Mann füllte die Scheune bis ans Dach mit Getreide. Als sie voll war, kroch eine Heuschrecke durch das Loch im Dach und holte sich ein Getreidekorn."

Noch eine Heuschrecke kam …

… und noch eine …

„Das nennst du eine Geschichte?", rief der König aus. Aber der arme Mann war noch nicht fertig. „Dann", erzählte er, „kam noch eine Heuschrecke und holte ein Korn." Und so erzählte der Mann immer weiter: „Die nächste Heuschrecke holte sich ein Korn", bis der ganze Hofstaat genug davon hatte. Noch eine Heuschrecke kam und noch eine und noch eine. Dem König reichte es. „Hört diese Geschichte denn nie auf?"

„Nein, Eure Majestät", sagte der arme Mann. „In diesem Fall solltest du lieber meine Tochter heiraten", sagte der König.

Der Mann tat es. Seiner schönen Braut musste er versprechen, diese Geschichte nie wieder zu erzählen.

… und noch eine …

… und noch eine …

ENDLOSE GESCHICHTE
Diese „Endlose Geschichte" kommt aus Nottinghamshire (England). Ähnliche Geschichten werden in vielen Ländern erzählt. In einer japanischen Version unserer Geschichte werden Ratten gezählt. In einer italienischen Version trägt ein Hirte Schafe über einen Bach.

Die endlose Geschichte des armen Mannes ist tatsächlich endlos.

SCHÄTZE UND LUMPEN

Die zertanzten Schuhe

ZWEI RELIGIONEN
Die Kapverdischen Inseln waren einst eine Kolonie Portugals. Diese Geschichte verrät durch die Erwähnung der Jungfrau Maria (oben) ihren christlichen Ursprung. Die Prinzessin, die mit „Dämonen" tanzt, hält an den Bräuchen der afrikanischen Einwohner fest. Deshalb will der Junge sie nicht heiraten.

HÄUSER AM HANG
Der arme Junge aus der Stadt könnte in einem dieser Häuser gewohnt haben.

EIN KÖNIG HATTE EINE TOCHTER, die jede Nacht sieben Paar Schuhe abnutzte. Er versprach dem Mann, der den Grund dafür herausfand, die Prinzessin und die Hälfte seines Reichs; jeder aber, der es versuchte, scheiterte und starb. Eines Tages bat ein armer Junge aus der Stadt seine Mutter, ihm drei Brotlaibe zu backen. Er wollte sie auf seine Reise mitnehmen und sein Glück versuchen. Seine Mutter tat Gift in das Brot, weil sie dachte: „Es ist besser, er stirbt unterwegs als auf Befehl des Königs!"

Auf seiner Reise aber traf der Junge einen Mann, der ihn um ein Brot bat und ihm mit Gottes Segen dankte. Das war der heilige Antonius. Dann traf er eine Frau, die ihn um ein Brot bat; zum Dank gab sie ihm einen Mantel, der unsichtbar machte. Das war die Jungfrau Maria. Zuletzt bat ihn ein alter Mann um ein Brot und gab ihm eine Peitsche. Das war Gott selbst.

Die Prinzessin

Die Prinzessin holt sechs Paar Schuhe heraus und wird dabei beobachtet.

Der Schatten des Jungen

Sie pflückt je eine Blume von einem goldenen, einem kupfernen und einem silbernen Busch.

Der König sagte, er solle in der Nacht in einem Zimmer neben dem der Prinzessin schlafen. Stattdessen zog er den Mantel an und schlich in das Zimmer der Prinzessin. Er sah, wie sie sechs Paar neue Schuhe aus einem Schrank nahm und leise hinausging. Er folgte ihr die Treppe hinunter und aus dem Schloss hinaus. Zuerst kam sie zu einem goldenen Busch. „Guten Abend, goldener Busch", sagte sie.

„Guten Abend dir und deinem Freund", antwortete der Busch.

„Ich bin allein", widersprach die Prinzessin. Sie pflückte eine Blume und befestigte sie an ihrem Mantel; der Junge tat es ihr nach. Danach ging sie zu einem silbernen Busch, dann zu einem kupfernen. Jedes

Die zertanzten Schuhe — Kap Verde

Mal sagte sie, dass sie allein war. Und jedes Mal pflückten sowohl sie als auch ihr unsichtbarer Begleiter eine Blume ab.

Die Prinzessin sprang auf einen Schimmel, der sie über einen Fluss trug. Der Junge aber schwang seine Peitsche und war vor ihr drüben.

Sie kamen zu einem Palast voller tanzender Dämonen. Die Prinzessin tanzte einen Walzer und zertanzte das erste Paar Schuhe; anschließend tanzte sie eine Mazurka, einen Reel, eine Tarantella, einen Kontertanz, einen Tango und eine Sarabande, bis alle sieben Schuhpaare zertanzt waren. Dann ritt sie auf dem Schimmel zurück zum Schloss ihres Vaters. Aber der Junge schwang seine Peitsche

TANZENDE MÄDCHEN
Überall in Europa wurden Geschichten dieses Typs aufgenommen. Bei den Brüdern Grimm heißt ein ähnliches Märchen ebenfalls „Die zertanzten Schuhe".

Ein Schimmel trägt die Prinzessin über den Fluss.

Der Junge folgt ihr an einen Ort, an dem sie mit Dämonen tanzt.

und war vor ihr da. Er lief in seinen Raum und legte sich hin. Am nächsten Morgen fragte der König seinen Gast, ob er jetzt wisse, wo die Prinzessin ihre Schuhe zertanzte. Zu seiner Überraschung antwortete der Junge: „Ja!" Mit den Blumen der drei Büsche bewies er, dass seine Geschichte nicht erfunden war. Der König versprach, dass er seine Tochter heiraten dürfe.

„Ich heirate kein Mädchen, das mit Dämonen tanzt", erwiderte der Junge. „Aber gib mir die Hälfte deines Reiches. Dann werden meine Mutter und ich bis ans Ende unserer Tage glücklich sein!"

Die Blumen beweisen, dass der Junge die Wahrheit sagt, aber er wirft sie weg!

SCHÄTZE UND LUMPEN

Der wunderbare Brokat

FEINE FÄDEN
Seit ältester Zeit werden in China die schönsten Brokate – Stoffe mit eingewebten Mustern – hergestellt. Auf dem Bild ist ein Ausschnitt aus der Robe der Kaiserwitwe Tz'u-hsi zu sehen, in die ein Phönix eingewebt ist (19. Jh.).

ES WAR EINMAL eine alte Witwe, die hatte drei Söhne. Sie lebten von den Brokaten, die die Witwe herstellte. Sie webte die Tiere, Vögel und Blumen so vollkommen, dass sie zu leben schienen. Als sie eines Tages in die Stadt ging, um ihre Brokate zu verkaufen, sah sie in einem Geschäft ein wunderbares Bild. Es zeigte ein großes Haus inmitten eines lieblichen Gartens. Allein schon, es zu betrachten, machte sie froh. Anstatt Reis und Lebensmittel zu kaufen, kaufte sie das Bild. Zu Hause zeigte sie es ihren Söhnen. „Seht euch nur das schöne Haus an!", sagte sie. „Da sollten wir leben!"

„Das können wir nur im Traum", entgegnete ihr ältester Sohn.

„Oder nach unserem Tod", sagte ihr zweiter Sohn.

„Wenn wir nicht darin leben können", meinte ihr jüngster Sohn, „warum nimmst du das Bild dann nicht als Vorlage? Wenn du es webst, wirst du dir vorkommen, als leb-

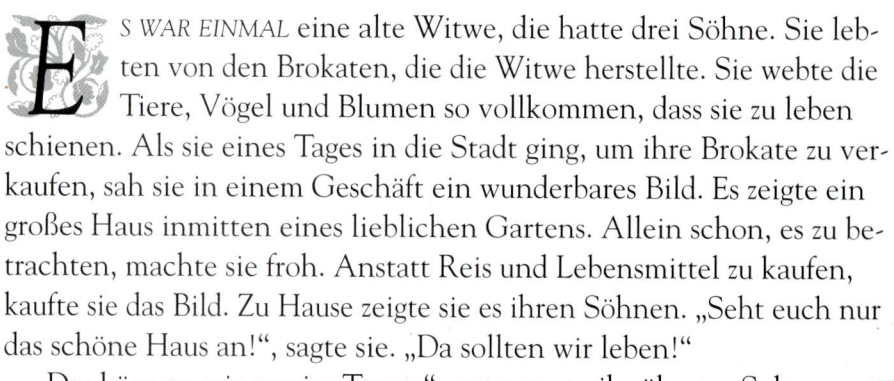

Die Witwe kauft ein wunderbares Bild und will nach dieser Vorlage einen Brokatstoff weben.

CHINESISCHER WEBSTUHL
Die Anfänge der Webkunst in China gehen auf die Zeit um 2 500 v. Chr. zurück. Hier ist ein Industrie-Webstuhl aus dem 19. Jh. abgebildet. Es gab aber auch handbetriebene Webstühle.

test du darin." So nahm die Mutter Seidengarn in den lebhaftesten Farben und webte damit das Bild. Sie war fest entschlossen, diesen Brokat zu ihrer besten Arbeit zu machen, und webte jeden Tag daran. Ihren beiden älteren Söhnen gefiel das gar nicht. „Wir haben keine Lust mehr, Feuerholz zu sammeln, um dafür Reis kaufen zu können", murrten sie. „Hör mit dem Unsinn auf. Web lieber etwas, das du verkaufen kannst!"

DER WUNDERBARE BROKAT · China

„Lasst sie in Ruhe", sagte der Jüngste. „Dieses Bild bedeutet ihr sehr viel. Wenn ihr es müde seid, Holz zu sammeln, werde ich es tun." Von da an faulenzten die beiden älteren Brüder den ganzen Tag, während der jüngste Feuerholz sammelte und die Mutter webte. Sie arbeitete Tag und Nacht. Von der nächtlichen Arbeit taten ihr die Augen weh und begannen nach einem Jahr zu tränen. Dort, wo ihre

Der Älteste findet ein seltsames Steinpferd.

Als die Witwe ihren Brokat fertig gewebt hat, weht ein Windstoß ihn fort.

Der jüngste Sohn

Ihr ältester Sohn tut nichts, während der jüngste die Familie ernährt.

Die Witwe bittet ihre drei Söhne, ihren wunderbaren Brokat zu suchen.

Tränen auf den Stoff fielen, webte sie einen Bach und einen Teich. Nach zwei Jahren bluteten die Augen sogar; dort, wo die Blutstropfen auf den Stoff fielen, webte sie eine Sonne und viele Blumen. Nach drei Jahren war sie fertig.

Wie schön der Brokat war! Das Haus hatte türkise Wände, rote Säulen und blaue Dachziegel. Der Garten war voller Blumen und in der Mitte lag ein Goldfischteich. Auf der einen Seite war ein fruchtbarer Obstgarten; auf der anderen ein Gemüsegarten, der auf die Ernte wartete. Auf den Feldern rundherum wuchsen Weizen und Reis. Ein glitzernder Bach floss neben dem Haus, darüber schien eine rote Sonne. Die Frau war von ihrem Werk entzückt und nahm es mit nach draußen, um es im Sonnenlicht zu betrachten. Da riss ein Windstoß es ihr aus den Händen, der wunderbare Brokat flog davon. „Sucht meinen Brokat", bat sie ihre Söhne. „Er ist mir so wichtig wie mein Leben!"

Ihr ältester Sohn ging nach Osten, in die Richtung, in die der Stoff geflogen war. Nach einem Monat kam er zu einer Höhle. Davor stand ein Pferd aus Stein. Es hatte das Maul geöffnet, so als wolle es die

STEINERNES PFERD
Steinpferde wie das in der Geschichte zierten die Grabmäler chinesischer Kaiser. Dieses hier steht am Grab von Kaiser Ding Ging in Gan Xian.

SCHÄTZE UND LUMPEN

NATURGEISTER
In chinesischen Märchen sind die Feen immer wunderschön – wie die Nymphen der griechischen Mythologie. Sie besitzen einige magische Fähigkeiten, wie z.B. die, dem Wind Befehle zu geben. Sie spielen den Menschen mitunter Streiche, sind im Allgemeinen aber sanft und freundlich. Gelegentlich heiraten sie auch die Märchenhelden.

GEHEIMNISVOLLE GIPFEL
Dieses Märchen wird von den Zhuang in der Region Guangxi in Südchina erzählt. Hier finden sich „märchenhafte" Landschaften, wie die hohen, zahnähnlichen Felstürme, die sich über hügeligem Ackerland erheben.

roten Früchte des Baums neben sich fressen. Eine alte Frau erschien und er fragte sie, ob sie den Brokat gesehen habe.

„Er wurde von den Feen des Sonnenbergs gestohlen", antwortete sie. „Um sie zu finden, musst du dir zwei Zähne ziehen und sie in das Maul des Steinpferds legen. Erst wird es die roten Früchte vom Baum fressen; dann wird es dich über den Feuerberg und das Eismeer zum Sonnenberg tragen. Wenn du aber beim Ritt über den Feuerberg auch nur mit der Wimper zuckst, wirst du zu Asche verbrannt; und wenn du beim Ritt über das Eismeer zitterst, wirst du zu Eis!" Der älteste Sohn zuckte und zitterte schon, als die Frau das sagte. Sie sah es und sagte: „Gehe nicht. Für dich ist es zu schwer. Nimm dieses Kästchen voller Gold und nutze es weise." Er nahm das Kästchen, aber er ging nicht nach Hause. Er wollte das Gold nicht mit seiner Familie teilen. Dann zog der mittlere Sohn aus. Er erlebte das Gleiche wie sein Bruder.

Das Pferd trägt den Jungen durch die Flammen des Feuerbergs.

Schließlich machte sich der Jüngste auf den Weg. Seine Mutter lag krank im Bett und er ließ sie nicht gerne alleine. Bei der Höhle bot ihm die alte Frau ein Kästchen voller Gold an, aber er sagte: „Nein. Ich muss für meine Mutter den wunderbaren Brokat suchen." Er schlug sich zwei Zähne aus und legte sie in das Maul des Steinpferds. Das Tier erwachte sofort zum Leben und fraß die roten Früchte. Dann trug es den Jungen über den Feuerberg. Obwohl die Flammenzungen an ihm leckten, zuckte er nicht. Es trug ihn über das Eismeer. Die bitterkalten Wellen bespritzten ihn mit Gischt, doch er zitterte nicht. Zuletzt kamen sie zum Sonnenberg. Hier saßen die Feen in ihrem Saal und webten den wunderbaren Brokat seiner Mutter nach. „Du kannst ihn wiederhaben, wenn wir fertig sind", sagten sie. Als es dunkel wurde, hängten die Feen eine Perle an die Decke, die so viel Licht wie die Sonne gab. Die schönste Fee beendete ihre Arbeit und verglich die Kopie mit dem Brokat der Witwe. Sie sah

DER WUNDERBARE BROKAT ❀ China

sofort, dass die Kopie nicht so schön war wie das Original und stickte schnell noch ein Selbstporträt auf den Brokat der Witwe. Im nächsten Augenblick riss der Junge den Brokat seiner Mutter an sich und galoppierte davon. Bald waren sie wieder bei der Höhle. Die alte Frau nahm dem Pferd die Zähne heraus und setzte sie dem Jungen wieder ein, während das Pferd zu kaltem Stein erstarrte.

Der Junge kehrte nach Hause zurück und rief nach seiner Mutter. Sie war noch kränker geworden, aber sie stand trotzdem auf, um den Brokat im Sonnenlicht anzusehen. Als sie ihn auseinander faltete, kam eine leichte Brise auf und spielte mit dem Stoff. Der wunderbare Brokat dehnte sich aus, wurde länger und breiter und bedeckte schließlich so weit sie sehen konnten den Boden. Die armselige Hütte der Familie verschwand und plötzlich standen sie vor dem großen Haus auf dem Bild mit seinen Gärten und den Feldern. Bei ihnen stand ein schönes Mädchen. „Ich bin eine Fee vom Sonnenberg", sagte sie. „Ich habe mein Bild auf den Brokat gestickt, weil ich in diesem herrlichen Haus wohnen wollte."

Die Witwe und ihr jüngster Sohn zogen in das Haus ein und der Junge heiratete die Fee. Eines Tages kamen zwei zerlumpte Bettler bis an die Grenze dieses wunderbaren Landes. Es waren die beiden älteren Brüder, die ihr Gold in der Stadt vergeudet hatten. Als sie sahen, was aus dem Brokat ihrer Mutter entstanden war, schämten sie sich. Sie gingen fort und wurden nie wieder gesehen.

Die Landschaft wird wirklich und eine Fee erscheint.

Die älteren Söhne schämen sich und gehen fort.

SCHÄTZE UND LUMPEN

Wie gewonnen, so zerronnen

Ein schiffbrüchiger alter Kapitän fängt eine Möwe.

IM HOHEN FLUG
Die fliegende Möwe, ein beliebtes Symbol der Freiheit, steht dem Seemann in dieser Geschichte als Helfer zur Seite.

KAMPF GEGEN DAS WASSER
Deiche dienen dazu, tief liegendes Land zu entwässern oder vor dem Meer zu schützen.

ES WAR EINMAL ein alter Kapitän, der zur See fuhr. Eines Tages kam ein Wal und schlug sein Schiff entzwei. Der Kapitän konnte sich im Wasser an einen vorbeitreibenden Mast klammern. Er wurde an den Strand gespült. Dort begegnete der Kapitän einer verirrten Möwe. Er fing sie ein und schob sie unter seinen Pullover.

Ein Bauer kam auf dem Deich entlanggeritten und sah den Gestrandeten. „Geh hoch zum Bauernhof", rief er. „Meine Frau wird dir zu essen geben und du kannst dich am Feuer trocknen."

Im Haus des Bauern war bereits der Pastor zu Gast. Deshalb war die Bauersfrau nicht erfreut, als der alte Seemann vor ihr stand, von dem das Meerwasser nur so heruntertropfte. „Du kannst dich auf dem Dachboden trocknen", sagte sie. „Leider habe ich nichts zu essen da."

Als er jedoch auf dem Dachboden saß und durch die Ritzen im Fußboden spähte, sah er, wie die Frau einen Braten und drei Flaschen Wein auf den Tisch stellte. Er hörte sie zum Pastor sagen: „Für meinen Alten reicht Wasser, aber für Euch ist nur das Beste gut genug."

In diesem Augenblick kam der Bauer nach Hause. Seine Frau brachte das Fleisch in die Speisekammer und den Wein in die Spülküche, während sich der Pastor in einer Truhe versteckte. Der Bauer fragte: „Wo ist der Schiffbrüchige?"

„Oben", antwortete seine Frau. „Er wollte auf dem Dachboden sitzen."

„Kapitän, komm her!", rief der Bauer. Der Kapitän kam herunter. Unter seinem Pullover trug er immer noch die Möwe. Er zwickte sie und sie kreischte.

„Was war das für ein Geräusch?", fragte der Bauer.

„Es ist ein Wahrsager", sagte der alte Kapitän. „Er sagt, in der Speisekammer sei Braten."

„Unsinn", meinte der Bauer. „Ich hatte jahrelang kein gebratenes Fleisch." Doch er sah nach und fand einen köstlichen Braten.

Der Kapitän zwickte die Möwe wieder und sie kreischte. „Was sagt er jetzt?", fragte der Bauer.

„Er sagt, in der Spülküche seien drei Flaschen Wein."

Wie gewonnen, so zerronnen · Niederlande

„Unsinn", sagte der Bauer. „Ich hatte schon so lange keinen Wein, dass ich gar nicht mehr weiß, wie er schmeckt." Als er aber nachsah, fand er drei Flaschen vom besten Wein, den es zu kaufen gab.

„Wo kann das alles nur herkommen?", fragte seine Frau ängstlich.

„Der Wahrsager muss es hergezaubert haben", rief der Bauer. „Was willst du für ihn haben?", fragte er den alten Kapitän.

„Pferd und Wagen und die Truhe dort", antwortete der Kapitän.

Der Bauer half ihm, die Truhe, in der immer noch der Pastor war, auf den Wagen zu laden. Der Kapitän gab dem Bauern die Möwe und fuhr los. Als er auf dem Deich war, sagte er laut: „Diese Truhe nützt mir nichts. Ich werde sie ins Meer werfen."

Der Pastor stöhnte in der Kiste. „Jetzt macht sie furchtbare Geräusche", sagte der Kapitän. „Ich muss sie wirklich ins Meer werfen."

„Nein! Bitte nicht!", rief der Pastor in höchster Angst. „Ich fülle dir diese Truhe mit Geld, wenn du mich nur herauslässt!"

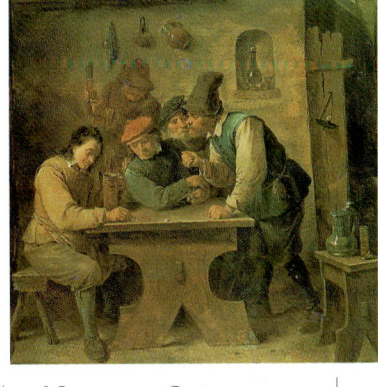

NOCH EIN GLÄSCHEN
Wie so viele Seeleute erliegt auch der alte Kapitän der Verlockung des Dämons Alkohol. Die Szene im Gasthof kann man sich so ähnlich vorstellen wie auf diesem Gemälde von David Teniers.

Der Pastor ist über seine Befreiung so erfreut, dass er die Truhe mit Geld füllt.

Vom Dachboden aus sieht der Kapitän, wie sich der Pastor versteckt.

Der Kapitän tauscht seine „wahr sagende" Möwe gegen Pferd, Wagen und Truhe ein.

Der alte Seemann gibt das ganze Geld für Bier aus.

Der alte Kapitän öffnete die Truhe und ließ den Pastor heraus; dieser füllte die Truhe mit Geld. „Mit so viel Geld kann ich mir ein eigenes Schiff kaufen", sagte sich der Kapitän.

Auf dem Weg zur Werft kam er an einem Gasthof vorbei. Ich trinke nur ein Gläschen, um zu feiern, dachte er. Aber ein Glas führte zum nächsten und nach einer Woche hatte er alles vertrunken.

„Ach ja", seufzte er. „Wie gewonnen, so zerronnen."

SCHÄTZE UND LUMPEN

Von dem Fischer und seiner Frau

Der Fischer und seine Frau leben in einem Schweinestall.

DA WAREN EINMAL ein Fischer und seine Frau, die lebten in einem Schweinestall. Der Mann ging jeden Tag fischen und die Frau blieb allein im Stall zurück.

Eines Tages angelte der Fischer und starrte ins klare Wasser hinab. Da zog plötzlich etwas schwer an seiner Angel. Als er die Schnur einholte, hing ein schwerer Butt daran. Der Butt sah ihn an und sagte: „Lass mich leben. Ich bin kein Butt, sondern ein verwunschener Prinz. Setz mich bitte ins Wasser zurück."

Die Hütte

Zuerst lässt der Butt die Fischersleute in einer Hütte wohnen, dann in einem Schloss.

Das Schloss

Eines Tages fängt der Fischer einen gewaltigen Butt.

Der Fischer hatte noch nie zuvor einen Fisch sprechen hören und ließ ihn gerne frei. Er kehrte zum Schweinestall zurück und erzählte alles seiner Frau.

„Welche Belohnung hast du verlangt?", fragte sie.

„Keine", antwortete er. „Was sollte ich mir denn wünschen?"

„Zuerst einmal eine bessere Wohnung als diesen Schweinestall!", schrie die Frau. „Du gehst sofort zurück und verlangst eine Hütte!"

Der Fischer ging ans Meer und rief:
„Manntje, Manntje, Timpe Te,
Buttje, Buttje in der See,
meine Frau, die Ilsebill,
will nicht so, wie ich es will."

Der Butt schwamm aus der Tiefe herauf und fragte: „Na, was will sie denn?"

GLÜCKSZAUBER
Fische galten schon früh als Glückssymbole. Weil Jesus 5 000 Menschen mit „fünf Broten und zwei Fischen" speiste, waren Fische das Geheimzeichen der frühen Christen. Das Mosaik oben stammt aus einer Kirche am See von Galiläa, nahe dem Ort, an dem Jesus das Wunder gewirkt haben soll.

Von dem Fischer und seiner Frau — Deutschland

„Sie will eine Hütte. Sie hat es satt, in einem Schweinestall zu wohnen."

„Geh heim", sagte der Butt. „Sie hat sie schon."

Und wirklich: Als der Fischer nach Hause kam, saß seine Frau auf einer Bank vor einer netten kleinen Hütte. Vierzehn Tage lang lebten der Fischer und seine Frau vergnügt in ihrem neuen Heim. Eines Morgens aber sagte die Frau: „Diese Hütte ist so klein. Man kann sich hier kaum umdrehen. Der Butt könnte uns mindestens ein Schloss geben. Immerhin hast du ihn leben lassen."

Der Fischer musste wieder ans Meer, den Butt um ein Schloss bitten. Das Wasser war dunkel und schäumte, aber der Butt erfüllte den Wunsch. Als der Fischer nach Hause kam, stand seine Frau auf den Stufen eines Schlosses. Innen waren die Fußböden aus Marmor und an den Wänden hingen schöne Tapeten. Die Möbel waren aus Gold und überall liefen Diener in Livreen herum. Am nächsten Morgen sah die Frau nach dem Aufwachen aus dem Fenster und sagte: „Sieh dir all das Land dort draußen an. Es gibt keinen Grund, warum wir nicht als Könige darüber herrschen sollten. Geh zum Butt und sag ihm, dass wir König sein wollen."

GUTER FANG
Dieses beliebte Märchen, hier von dem deutschen Maler Paul Hey illustriert, zeigt dass man sein Glück nicht über die Maßen ausnutzen sollte!

So ging der Fischer wieder zum Meer. Dieses Mal brachen sich graue Wellen tosend am Strand. „Was will sie denn jetzt?", fragte der Butt.

„Sie will König sein", sagte der Fischer und zuckte mit den Schultern. „So sei es", sagte der Butt. „Sie ist schon König."

Als der Fischer nach Hause kam, wohnte seine Frau in einem noch größeren Schloss. Es gab noch mehr Diener und sogar Wachen. Sie saß auf einem hohen Thron, der mit Diamanten verziert war, trug eine goldene Krone auf dem Kopf und ein goldenes Szepter in der Hand. „Nun bist du König", sagte der Fischer. „Nun wollen wir uns nichts mehr wünschen."

Die Fischersfrau will König sein – und der Wunsch wird erfüllt.

LUST AUF LUXUS
Dieser schöne Salon in Schloss Neuschwanstein hätte der Frau des Fischers sicher gefallen – zumindest eine kurze Zeit lang.

SCHÄTZE UND LUMPEN

ZU POTTE KOMMEN
Der Maler Philipp Otto Runge erzählte diese Geschichte den Brüdern Grimm. Ähnliche Märchen kennt man in Skandinavien, Osteuropa, Frankreich, England und Italien. In Deutschland und Russland ist es am bekanntesten. In manchen Versionen leben die Fischersleute nicht in einem Schweinestall (Bild oben), sondern in einem ... „Pisspott"!

„Unsinn", fuhr die Frau ihn an. „Als König langweile ich mich nur. Ich will lieber Kaiser sein."

So ging der Fischer ans Meer und bat den Butt, sie zum Kaiser zu machen. Das Meer war schwarz und schien von innen her zu gären, aber der Butt erfüllte den Wunsch.

Bald genügte es ihr nicht einmal mehr, Kaiser zu sein. „Ich will Papst sein", kreischte sie. Der Fischer ging ans Meer, das schier kochte. Ach je, dachte er, der Butt wird ihre Wünsche satt haben. Der Butt aber machte die Frau zum Papst.

Der Mann kam zurück und sah eine Kathedrale, die von Palästen umgeben war. Drinnen saß seine Frau, ganz in Gold gekleidet, auf einem großen Thron. Alle Kaiser und Könige der Welt standen Schlange, um ihr die Füße zu küssen.

„Mehr kannst du nicht verlangen", sagte der Fischer.

„Vielleicht nicht", erwiderte sie. In dieser Nacht schlief der Fischer sehr gut. Doch seine Frau konnte keine Ruhe finden und fragte sich, ob sie nicht doch noch etwas Besseres hätte verlangen können. Bei Sonnenaufgang weckte sie ihren Mann: „Ich will Gott sein."

„Du bist schon Papst!", protestierte er. Doch sie kreischte, raufte sich das Haar, trat nach ihm und jagte ihn aus dem Palast. Er rannte hinunter ans Meer. Ein Sturm tobte und peitschte die schwarzen Wogen. Der Himmel war von einem glühenden Rot. Der Fischer überschrie den Sturm und rief:

„Manntje, Manntje, Timpe Te,
Buttje, Buttje in der See,
meine Frau, die Ilsebill,
will nicht so, wie ich es will."

„Was will sie denn jetzt?", fragte der Butt.

„Sie will Gott sein", sagte der Fischer.

„Geh zu ihr", sagte der Fisch. „Sie sitzt wieder im Schweinestall."

Und dort wohnen sie bis heute.

Der Fischer findet seine Frau wieder im Schweinestall.

DAS ARME MÄDCHEN, DAS KÖNIGIN WURDE · Irland

Das arme Mädchen, das Königin wurde

EINST LEBTE ein armer Mann mit seiner Tochter in einer Hütte. Sie sagte, er solle den König um ein Stück Land bitten, auf dem sie, was sie zum Leben brauchten, anbauen konnten. „Ich gehe, wenn du mit mir kommst", sagte er.

So gingen Vater und Tochter zum Schloss des Königs. Der König erfüllte ihnen den Wunsch sogleich. Vielleicht tat ihm der arme Mann Leid; vielleicht gefiel ihm auch das Funkeln in den Augen der Tochter.

Der Mann und seine Tochter lebten vergnügt auf ihrem kleinen Bauernhof, bis sie eines Tages einen goldenen Mörser ausgruben. Der Mann sagte: „Ich sollte ihn zum König bringen."

Seine Tochter entgegnete: „Tu es nicht. Er wird nur den fehlenden Stößel verlagen."

„Unsinn", sagte der Mann. „Der König wird sich über den Mörser sehr freuen!"

Wie man sich irren kann: Der König regte sich über den fehlenden Stößel auf. Er beschuldigte den Mann, ihn gestohlen zu haben, und ließ ihn in den Kerker werfen. Nach zwei Tagen kam der Kerkermeister zum König und bat ihn, den armen Mann freizulassen. „Ich halte es nicht mehr aus. Er klagt Tag und Nacht: ‚Hätte ich nur auf meine Tochter gehört!'" Der König ließ den Mann vorführen. Dieser erzählte ihm, dass genau das eingetroffen war, was seine Tochter vorhergesagt hatte. „Geh heim", sagte der König, „und schicke mir deine Tochter."

Als der König die Tochter wieder sah, erinnerte er sich an das Funkeln in ihren Augen. Er beschloss, sie zu prüfen, um zu sehen, ob sie so klug war, wie sie aussah. So sagte er: „Komm morgen wieder her, weder bekleidet noch nackt, weder zu Fuß noch reitend noch getragen."

Am nächsten Morgen, als er auf sie wartete, hörte er in der Ferne einen Esel schreien. Dann sah er den Esel, der ein dickes Bündel Netze hinter sich herzog.

BAUERNKÖNIGIN
In der Sammlung der Brüder Grimm ist eine Version dieses Märchens enthalten: „Die kluge Bauerntochter". Diese Fassung beruht auf einem Märchen, das von Patrick Kennedy in County Wexford (oben) aufgezeichnet wurde. Allein in Irland wurden 680 Versionen dieser Geschichte gesammelt.

Das kluge Mädchen rät ihrem Vater, den Mörser nicht zum König zu bringen.

SCHÄTZE UND LUMPEN

Nachdem sie die Prüfung bestanden hat, wird das arme Mädchen Königin.

DIE ESEL VON IRLAND
In Irland wurden jahrhundertelang Esel gezüchtet, die Wagen ziehen und Lasten tragen mussten. Der Esel auf dem Foto zieht einen Karren, der um die Mitte des 19. Jh.s gebaut wurde.

NETZE TROCKNEN
Die flachen Gewässer vor den irischen Küsten waren immer gute Fanggründe. Dieses Foto aus dem 19. Jh. zeigt Netze, die zum Trocknen aufgehängt worden sind. Netze wie diese hätten sich gut als Verkleidung für die Tochter geeignet.

Das Mädchen hatte sich in die Netze eingewickelt, so dass sie nicht nackt und nicht bekleidet war. Sie war auch weder gegangen noch geritten

Der Besitzer des Ochsen.

noch getragen worden.

Sie stand auf dem Netz und der Esel hatte sie gezogen. „Kluges Kind!", sagte der König lachend. „Du bist die richtige Braut für mich!" Und er heiratete sie – einfach so.

Eines Tages kamen zwei Männer vom Land zum Schloss. Einer hatte einen Hengst, eine Stute und ein Fohlen; der andere hatte zwei Bullen. Das Fohlen war zu den Ochsen gelaufen, und als sein Besitzer es hatte zurückholen wollen, hatte der andere das nicht zugelassen. „Dieses Fohlen gehört den Ochsen", sagte er.

Der Besitzer des Ochsen weigert sich, das Fohlen zurückzugeben.

„Man sieht doch, wie gern sie sich haben. Wenn man ihnen ihr Kind wegnehmen würde, würde das den Ochsen das Herz brechen."

Der Mann mit den Pferden beklagte sich beim König. Der König aber, der nie ein Bauer gewesen war, glaubte dem Mann mit den Ochsen und ließ ihn das Fohlen behalten. Der Mann mit den Pferden erinnerte sich, dass die Königin eine Bauerntochter war, und ging mit seinem Anliegen zu ihr. Als der König am nächsten Morgen spazieren ging, traf er den Mann wieder. Er kniete auf der Straße und warf sein Netz im Staub aus. „Was tust du da?", fragte er ihn.

„Ich fische", antwortete der Mann.

„Du wirst auf der Straße keine Fische fangen", lachte der König.

Das arme Mädchen, das Königin wurde — Irland

„O doch, Eure Majestät", sagte der Mann. „Mindestens so viele, wie ein Ochsenpaar Fohlen hervorbringt."

„Von wem hast du diese Idee?", brüllte der König. Der Mann gestand, dass die Königin ihm das alles geraten hatte. Der König fühlte sich von der Königin als Dummkopf bloßgestellt. Er war so wütend, dass er sagte: „Ich sehe, dass du mit den Streitereien der Bauern vertrauter bist als mit den Pflichten einer Königin. Deshalb musst du in deine Hütte zurück. Da du mir aber eine gute Ehefrau warst, darfst du aus diesem Schloss mitnehmen, was dir am teuersten ist."

„In Ordnung", sagte sie. „Doch lass uns noch ein letztes Mal zusammen essen." Als der König nach der Mahlzeit aufwachte, glaubte er sich in einem dunklen, feuchten Kerker. Erschrocken rief er nach seinen Dienern, aber an ihrer Stelle kam seine Frau, die Königin.

„Wo bin ich?", fragte er.

„Bei mir, in der Hütte, in der ich geboren wurde", antwortete sie. „Du sagtest, ich könnte vom Schloss mitnehmen, was mir am teuersten ist. So gab ich dir einen Schlaftrunk und nahm *dich* mit!"

Da sah der König, was für ein Dummkopf er gewesen war. „Du bist nicht nur klug, sondern auch weise", sagte er. „Komm mit mir nach Hause und sei wieder meine Königin.

Und Arm in Arm kehrten sie ins Schloss zurück.

HAUS ARMER LEUTE
In Teilen Irlands stehen immer noch verfallene Hütten, die der Hütte in unserem Märchen ähneln. Die irischen Bauern konnten dem kargen Boden nur unter großer Mühe Ernten abringen. Wenn die Ernten ausblieben – wie durch die Kartoffelpest um 1840 – waren Hungersnöte und Tod die Folge.

PRÄCHTIGE SCHLÖSSER
Die reichen irischen Landbesitzer bauten sich Landhäuser, die wie Schlösser aussahen. Kilkenny Castle (Bild oben) wurde lange von der Familie Butler bewohnt und gehört zu den sehenswertesten Schlössern in Südostirland. Auch unser Märchenkönig hätte sich darin wohl gefühlt!

Später sieht der König den Mann auf der Straße fischen.

Die verbannte Königin nimmt den schlafenden König in ihre Hütte mit.

Heldinnen & Helden

Mut und Standhaftigkeit sind die wichtigsten Eigenschaften eines Märchenhelden oder einer Heldin. Wenn vor ihrem Fenster eine Zauberbohne wächst, zögern sie nicht, daran hochzuklettern, um zu sehen, was oben ist. Wenn sie merken, dass sie mit einem Mörder verheiratet sind, von einer bösen Stiefmutter verfolgt oder von einem fliegenden Kopf bedroht werden, verlieren sie nicht die Nerven. Wer glaubt, Märchenheldinnen seien nur schwache Püppchen, irrt. Unter den Märchenerzählern sind viele Frauen und die Heldinnen vieler Geschichten sind ebenso einfallsreich und kühn wie Männer – auch wenn sich manche, wie in „Das Mädchen, das sich als Junge ausgab", verkleiden müssen, um es zu beweisen.

Soliday lockt den unheimlichen Krähenmann von seinem Baum und spannt seinen Bogen.

HELDINNEN UND HELDEN

Rotkäppchen

WEISE WORTE
Wir geben hier die in Deutschland bekannte Version der Brüder Grimm wieder. Als Erster veröffentlichte Perrault 1697 das Märchen. Er sah es als eine Warnung für Kinder an: „Diese Geschichte lehrt, dass besonders Mädchen, die hübsch sind, lieb und gut erzogen, einem Mann auf keinen Fall folgen sollten."

IN DEN WÄLDERN
Dieses Märchen macht deutlich, dass Gefahren auch am schönsten Waldweg lauern könnten – vielleicht sogar hier in der Fôret de Compiègne in Nordfrankreich.

ES WAR EINMAL ein hübsches kleines Mädchen. Jeder hatte sie gern, besonders aber ihre Großmutter, die ihr ein rotes Samtkäppchen genäht hatte. Das Mädchen trug es so oft, dass sie bald nur noch „Rotkäppchen" genannt wurde.

Eines Tages trug die Mutter Rotkäppchen auf, der kranken Großmutter Kuchen und Wein zu bringen. Rotkäppchen machte sich auf den Weg zum Haus der Großmutter. Dazu musste sie durch einen Wald. Als sie schon ein gutes Stück gegangen war, traf sie einen Wolf. Er fragte sie, wo sie hinwolle. Rotkäppchen wusste, dass sie unterwegs mit niemandem sprechen sollte. Trotzdem antwortete sie

Auf dem Weg durch den Wald zum Haus der Großmutter trifft Rotkäppchen einen Wolf.

dem Wolf: „Ich bringe meiner Großmutter Kuchen und Wein."

„Wohnt sie weit weg?", wollte der Wolf wissen.

„Sie lebt in dem Haus unter den drei Eichen."

Der Wolf begleitete sie ein Stück, dann fragte er: „Warum pflückst du denn keine Blumen? Sie wachsen hier so schön. Siehst du sie etwa nicht?" Da erst sah sich Rotkäppchen im Wald um. Ich könnte der Großmutter einen großen Strauß pflücken, dachte sie. Sie verließ den Weg und ging tiefer und tiefer in den Wald hinein.

ROTKÄPPCHEN ❦ Deutschland

Inzwischen hatte der Wolf, der auf dem Weg geblieben war, das Haus der Großmutter erreicht. Er klopfte an die Tür. „Wer ist dort?"

„Rotkäppchen. Ich bring' dir Kuchen und Wein."

„Drück die Klinke herunter. Es ist offen", rief die Großmutter.

Der Wolf sprang geradewegs zum Bett, in dem die Großmutter lag, und verschlang sie. Dann setzte er die Haube der alten Frau auf und legte sich selbst ins Bett.

Kurz darauf kam Rotkäppchen zum Haus der Großmutter. Sie war überrascht, dass die Tür offen stand. Alles erschien ihr so anders als sonst. Vielleicht lag es daran, dass die Großmutter krank war.

Rotkäppchen ging zum Bett und zog die Vorhänge auf.

Da lag die Großmutter. Sie hatte die Haube tief ins Gesicht gezogen. Trotzdem kam sie Rotkäppchen irgendwie verändert vor.

„Großmutter, was hast du für große Ohren!", sagte sie verwundert.

„Damit ich dich besser hören kann."

„Großmutter, was hast du für große Augen!"

„Damit ich dich besser sehen kann!"

„Großmutter, was hast du für große Hände!"

„Damit ich dich besser packen kann!"

„Aber Großmutter, was hast du nur für ein entsetzlich großes Maul!"

„Damit ich dich besser fressen kann!" Mit diesen Worten sprang der Wolf aus dem Bett und verschlang Rotkäppchen.

Satt und müde kroch der Wolf wieder ins Bett zurück. Er schlief sofort ein und schnarchte laut. Bald ging der Jäger draußen am Haus vorbei und dachte: Wie kann die alte Frau nur so laut schnarchen? Ich will doch mal nachsehen, ob ihr nicht etwas fehlt.

Der Jäger trat ins Haus und zum Bett. Da sah er, dass der Wolf darin lag. „Habe ich dich endlich gefunden, alter Graukopf", sagte der Jäger bei sich. Beinahe hätte er mit dem Gewehr auf ihn geschossen, da fiel ihm ein, dass er vielleicht die Großmutter gefressen hatte. So nahm er eine Schere und schnitt dem schlafenden Wolf den Bauch auf. Nach ein paar Schnitten sprang Rotkäppchen heraus und dann kam auch noch die alte Großmutter. Sie legten dem Wolf große Steine in den Bauch und nähten ihn wieder zu. Als der Wolf erwachte und mit einem Satz davonspringen wollte, riss ihn die Last zu Boden. Er stürzte und war sofort tot.

WEITERE WÖLFE
In Perraults Fassung „Das kleine Rotkäppchen" von 1697 hat das Märchen ein böses Ende: Kein Jäger kommt vorbei, um Rotkäppchen und die Großmutter zu retten.
Auch in dem Film *Die Zeit der Wölfe* (1984; Foto oben) siegen die Wölfe.

„Aber Großmutter, was hast du nur für ein entsetzlich großes Maul!", wundert sich Rotkäppchen.

HELDINNEN UND HELDEN

Das Tanzende Wasser

BÖSE SCHWESTERN
Diese Version eines sehr verbreiteten Märchens wurde auf Sizilien aufgenommen. Eine ähnliche Geschichte findet sich in *1001 Nacht*.
Ebenso wie in anderen berühmten Märchen, z.B. in „Die Schöne und das Tier" und „Aschenputtel", geht es auch in diesem um zwei ältere Schwestern, die sich gegen die jüngste verschwören.

ES WAREN EINMAL drei Schwestern, die sich ihr Brot mit dem Spinnen von Garn verdienten. Der König dieses Landes pflegte nachts vor den Türen und Fenstern seiner Untertanen zu lauschen, um zu erfahren, worüber sie sprachen. Eines Nachts stand er zufällig vor dem Haus, in dem diese drei Schwestern wohnten.

Die Älteste sagte: „Wenn ich den Leibdiener des Königs heiraten könnte, hätte ich so viel zu trinken, wie ich nur wollte." Die Mittlere sagte: „Wenn ich nur den Kammerdiener heiraten könnte, dann hätte ich so viel anzuziehen, wie ich nur wollte." Und die Jüngste sagte: „Wenn ich nur den König selbst heiraten könnte, dann würde ich ihm drei Kinder schenken: zwei Söhne mit Äpfeln in ihren Händen und eine Tochter mit einem Stern auf ihrer Stirn."

Am nächsten Tag ließ der König die Mädchen zu sich kommen und bat sie, ihm ehrlich zu sagen, was sie sich wünschten. Sie taten es und er vermählte die Älteste mit seinem Leibdiener und die Mittlere mit seinem Kammerdiener. Dann fragte er die Jüngste: „Willst du mich heiraten?" Und sie sagte Ja. Nun, da sie Königin war, wurden ihre Schwestern neidisch. Es genügte ihnen nicht mehr, mit einem Diener des Königs verheiratet zu sein. Sie verbargen ihren Hass hinter lächelnden Gesichtern. Während der König in einem Krieg war, brachte die Königin zwei Jungen mit Äpfeln in ihren Händen und ein Mädchen mit einem Stern auf der Stirn zur Welt. Die bösen Schwestern aber stahlen die Kinder und ersetzten sie durch Hundewelpen. Als der König hörte, dass seine Frau drei Welpen geboren hatte, befahl er, sie solle zur Strafe in einer Tretmühle arbeiten.

Die Schwestern setzten die Säuglinge in der Wildnis aus. Sie dachten, dass Raubtiere sie fressen würden. Stattdessen fanden drei Feen sie. „Was für schöne Kinder", sagte die erste Fee. „Ich will ihnen ein Reh als Amme geben."

Die neidischen Schwestern stehlen die Kinder der Königin und legen junge Hunde in die Wiege.

„Ich will ihnen einen Beutel geben. Er wird immer voller Geld sein, wie viel auch herausgenommen wird", sagte die zweite.

„Und ich", sagte die dritte Fee, „gebe ihnen einen Ring, der seine Farbe ändert, wenn einem von ihnen etwas zustößt."

Das Tanzende Wasser — Italien

Das Reh blieb bei den Kindern, bis sie groß waren. Dann kam die erste Fee zu Besuch. Sie riet ihnen, ein Haus gegenüber dem Schloss des Königs zu mieten. Das taten sie und wurden bald von den bösen Schwestern erkannt, denn die Jungen hatten immer noch Äpfel in den Händen und das Mädchen einen Stern auf der Stirn.

Aus Furcht, die Kinder könnten sich an ihnen rächen, taten die Schwestern freundlich. Die Älteste sagte zu dem Mädchen: „Ihr habt ein sehr schönes Haus. Ihm fehlen noch drei Dinge, dann ist es vollkommen."

„Welche Dinge?", fragte das Mädchen.

„Das Tanzende Wasser, der Singende Apfel und der Sprechende

ZU TODE ARBEITEN
In einer Tretmühle (oben) zu arbeiten bedeutete, immer in einem Rad gehen zu müssen, das eine Mühle antrieb. Bereits in biblischen Zeiten wurde dies als Strafe verhängt: Die Philister zwangen Samson dazu, diese Arbeit zu tun.

Vier Riesen und vier Löwen bewachen das Tanzende Wasser. Während der älteste Junge danach sucht, muss seine Mutter in der Tretmühle arbeiten.

Vogel", antwortete die andere Schwester. „Wenn deine Brüder dich wirklich lieben, werden sie diese Dinge für dich suchen."

Der älteste Bruder ging auf die Suche nach dem Tanzenden Wasser. Unterwegs traf er drei Einsiedler; das waren die verkleideten Feen. Sie sagten zu ihm: „Klettere auf den Berg. Dort findest du eine Burg,

„WILDE" KINDER
Es gibt weltweit zahlreiche Geschichten über Kinder, die von Tieren aufgezogen wurden. In diesem Märchen haben die Kinder ein Reh als Amme; eine Wölfin säugte Romulus und Remus. Das wohl berühmteste „wilde Kind" ist Mowgli (oben; Sabu in einem Film von 1942), der Held von Rudyard Kiplings *Dschungelbuch*.

HELDINNEN UND HELDEN

Das Tanzende Wasser springt von einem Becken ins andere.

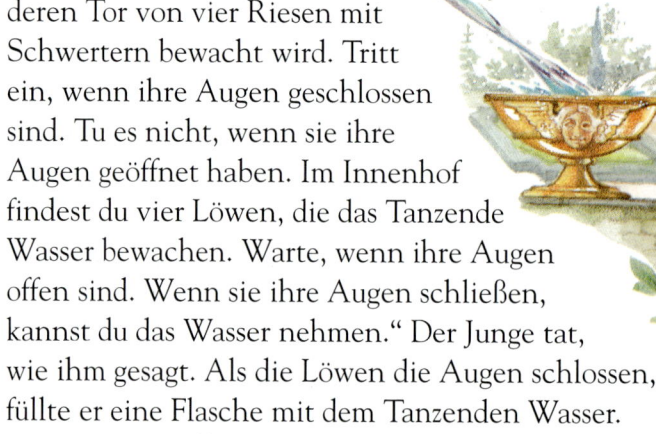

Der Junge kann den Singenden Apfel pflücken.

deren Tor von vier Riesen mit Schwertern bewacht wird. Tritt ein, wenn ihre Augen geschlossen sind. Tu es nicht, wenn sie ihre Augen geöffnet haben. Im Innenhof findest du vier Löwen, die das Tanzende Wasser bewachen. Warte, wenn ihre Augen offen sind. Wenn sie ihre Augen schließen, kannst du das Wasser nehmen." Der Junge tat, wie ihm gesagt. Als die Löwen die Augen schlossen, füllte er eine Flasche mit dem Tanzenden Wasser.

Zu Hause stellte er zwei goldene Becken in den Garten und goss in eines davon das Wasser. Es sprang ständig von einem Becken ins andere und bildete dabei einen Bogen in den Farben des Regenbogens.

Dann ging der zweite Bruder auf die Suche nach dem Singenden Apfel. Die Einsiedler rieten ihm, zur Burg hinaufzusteigen. Im Hof würde er einen Baum finden, an dem der Singende Apfel hing. „Der Baum schwankt zunächst, aber wenn du eine Weile wartest, hält er einen Moment lang still. Dann kannst du den Apfel pflücken." Er tat, wie ihm gesagt. Zu Hause legte er den Apfel in den Garten. Dort trällerte er wie eine Nachtigall. Nun fehlte nur noch der Sprechende Vogel.

Wieder brach der ältere Bruder auf. Die Einsiedler sagten: „Steige zur Burg hinauf. Du findest dort einen Garten voller Statuen. Im Becken eines Springbrunnens sitzt der Sprechende Vogel. Antworte nicht, wenn er dich anspricht. Zupfe eine Feder aus seinem Flügel, tauche sie in einen Topf, der dort steht, und berühre die Statuen damit. Dann wird alles gut." Der Junge stieg zur Burg hinauf und fand den Vogel. Der sagte: „Deine Tanten haben dich in den Tod geschickt und deine Mutter geht in der Tretmühle."

„Meine Mutter ist in der Tretmühle?", rief der Junge aus. Sofort wurde er zu Stein. Zu Hause sah die Schwester, wie der blaue Ring sich rot färbte. „Unserem Bruder ist etwas zugestoßen!", sagte sie. So machte sich der Jüngere auf den Weg, aber ihm passierte das Gleiche. Zu Hause sah das Mädchen, wie der Ring schwarz wurde. Sie brach nun ebenfalls auf, traf die Einsiedler, stieg zur Burg hinauf, sah die seltsamen Statuen im Garten und fand den Sprechenden Vogel. Er

DIE HÜGEL SIZILIENS
Diese Geschichte lässt an die sizilianische Landschaft mit ihren vielen Bergen und Hügeln denken. Im Sommer trocknet der heiße *Schirokko*, ein Wind der von Afrika kommend übers Mittelmeer weht, alle Wasserläufe aus; dadurch erscheint das Tanzende Wasser nur umso wunderbarer und schöner.

Das Tanzende Wasser — Italien

sagte: „Du wirst das gleiche Schicksal erleiden wie deine Brüder. Siehst du sie nicht? Dein Vater ist im Krieg. Deine Mutter ist in der Tretmühle. Deine Tanten freuen sich."

Aber das Mädchen antwortete nicht. Stattdessen zupfte sie ihm eine Feder aus, tauchte diese in den Topf und berührte damit ihre versteinerten Brüder. Sie wurden sofort wieder lebendig. Sie berührten nun alle Statuen mit der Feder und holten sie wieder ins Leben zurück. Dann gingen sie mit dem Sprechenden Vogel nach Hause. Der König war vor kurzem aus dem Krieg zurückgekehrt. Die Geschwister luden ihn zu einem Bankett ein. Als er sie mit ihren Äpfeln und dem Stern sah, sagte er verblüfft: „Wenn ich nicht wüsste, dass meine Frau Welpen geboren hat, würde ich glauben, dies seien meine Kinder." Der König bewunderte das Tanzende Wasser und den Singenden Apfel. Dann fragte er den Sprechenden Vogel: „Hast du nichts zu sagen?" Der Vogel erwiderte: „Dies

SCHLAUER VOGEL!
Eine Anregung für die Erfindung des Sprechenden Vogels im Märchen könnten die Berichte von Reisenden über den asiatischen Beo (oben) gegeben haben. Dieses Mitglied der Familie der Stare ist ein hervorragender Nachahmer der menschlichen Stimme.

Der Ring des Mädchens verändert seine Farbe — den Brüdern ist etwas zugestoßen!

Statuen

Sie erweckt ihre Brüder mit der Feder des Sprechenden Vogels wieder zum Leben.

Der Sprechende Vogel

sind deine Söhne mit den Äpfeln in den Händen. Dies ist deine Tochter mit einem Stern auf der Stirn. Die Königin, deine Frau, geht in der Tretmühle und ist nur noch Haut und Knochen."

So erfuhr der König die Wahrheit. Er befreite seine Frau aus der Tretmühle und liebte sie von da an von ganzem Herzen. Ihre Schwestern aber ließ er in eine Kessel mit siedendem Öl werfen.

Die Tretmühle

Der König befreit seine Frau aus der Tretmühle.

HELDINNEN UND HELDEN

Das Mädchen, das sich als Junge ausgab

CHANCENGLEICHHEIT
Von diesem Märchen über ein Mädchen, das gegen Ritter antritt, gibt es auch griechische, italienische, tschechische und russische Versionen.

VOR LANGER ZEIT gab es einen Kaiser, der ein Land nach dem anderen eroberte. Jedes Mal, wenn er wieder eines erobert hatte, musste dessen König ihm einen seiner Söhne schicken. Dieser diente ihm dann zehn Jahre lang als Friedensprinz.

Der König eines Landes hielt dem Eroberer lange stand; dann ergab auch er sich. Wie aber konnte er um Frieden bitten? Er hatte drei Töchter, aber keinen Sohn. Die Mädchen sahen, dass er traurig war und fragten nach dem Grund. „Wenn doch nur eine von euch ein Junge wäre!", seufzte er.

„Wir sind Mädchen, aber wir sind auch zu etwas gut", riefen sie.

„Ach ja", sagte der König. „Ihr könnt spinnen, nähen und weben. Aber könnt ihr ein Schwert führen und in der Schlacht kämpfen?"

„Ich kann es versuchen", sagte die Älteste und sprang auf. „Bin ich nicht eine Prinzessin und Tochter eines Königs?"

Sie zog Männerkleider an und bestieg den silbergrauen Hengst, das feurigste Pferd im Stall, um ihren Mut zu beweisen.

Die Töchter wussten nicht, dass ihr Vater ein Zauberer war. Er verbarg sich in Gestalt eines großen grauen Wolfs unter einer Brücke. Als seine Tochter zu der Brücke kam, sprang er unter schrecklichem Knurren hervor. Das entsetzte Mädchen drehte das Pferd um und hielt es erst im Schlosshof wieder an.

Dank seiner Zauberkraft war der König vor ihr zu Hause. Er umarmte sie und sagte: „Danke, dass du es versucht hast, aber Fliegen machen keinen Honig."

Dann versuchte es die zweite Tochter, aber auch sie hatte Angst vor dem Wolf. Der König fragte seine dritte Tochter: „Glaubst du, dass du mutiger bist als deine Schwestern, Kleines?"

„Nein", antwortete sie „aber dir zuliebe, Vater, würde ich den Teufel in Stücke schneiden oder selbst ein Teufel werden. Ich werde nicht scheitern."

Der alte König wünscht sich, er hätte einen Sohn.

Seine jüngste Tochter will die Prüfung bestehen.

Das Mädchen, das sich als Junge ausgab ◆ Rumänien

Das Mädchen ging zum Stall, aber anstatt des silbergrauen Hengsts nahm sie Sonnenlicht, das alte Kriegsross ihres Vaters. Sie wusste, dass sie dem Pferd getrost ihr Leben anvertrauen konnte. Als der Wolf auf sie zusprang, mit Klauen so scharf wie Sägen und einem Maul so groß wie ein Ofen, zog sie ihr Schwert. Sie ritt auf ihn zu und er wich jaulend vor ihr zurück.

Um ihren Mut zu beweisen, besiegt das Mädchen einen Wolf, einen Löwen und einen vielköpfigen Drachen. Der König sendet es als seinen Sohn zum Kaiser.

Sie legt eine Rüstung an und wählt Sonnenlicht, das alte Kriegsross ihres Vaters.

An der nächsten Brücke lauerte ihr der König in Gestalt eines Löwen auf, aber sie griff ihn wieder an. An der dritten Brücke wartete der König in Gestalt eines Drachen mit zwölf Feuer speienden Schlangenköpfen. Sie schlug mit dem Schwert einen Kopf ab und der Drache wurde wieder zu ihrem Vater. „Gut gemacht!", lobte er. „Du bist die mutigste Tochter und auch die klügste. Du hast das richtige Pferd gewählt. Es wird dir ein guter Ratgeber sein. Du hast meinen Segen. Geh zum Kaiser und sage ihm, du seist mein Sohn Fet-Fruners."

Als sie ein Stück geritten war, sah sie eine blonde Locke auf der Straße liegen. „Soll ich sie aufheben oder liegen lassen?", fragte sie sich. Sonnenlicht, das Pferd, meldete sich zu Wort: „Du wirst bereuen, sie mitgenommen zu haben, aber du würdest auch bereuen, sie nicht mitgenommen zu haben. Nimm sie also mit."

Die goldene Locke

Biblisches Ungeheuer Der Drache, mit dem Fet-Fruners kämpft, erinnert an die mythische Hydra, die von dem griechischen Helden Herakles getötet wurde, aber auch an die siebenköpfige Schlange in der Offenbarung des Johannes (oben ein Stich aus dem 15. Jh.).

HELDINNEN UND HELDEN

PRÄCHTIGES REICH
Dieses Märchen über einen kriegerischen Kaiser spiegelt die Geschichte Rumäniens wieder. Der größte Teil des heutigen Rumäniens gehörte vom 15. Jh. bis in das frühe 20. Jh. hinein zum osmanischen Reich. Der berühmteste osmanische Kaiser war Suleiman I. (oben), genannt „der Prächtige". Rumänische Adlige führten wiederholt Aufstände gegen seine unbeliebte Herrschaft an.

ABSTOSSEND
So hässlich wie diese Karikatur aus dem 15. Jh. kann man sich die Menschen fressenden Riesinnen vorstellen. Hier hat die Riesin Stelzenbeine, mit denen sie den Ozean überquert und Affenarme, um sich von Baum zu Baum zu hangeln.

Die Prinzessin hängte sich die Locke an einer Kette um den Hals. Sonnenlicht erklärte: „Die goldene Locke stammt von Prinzessin Iliane, dem schönsten Mädchen der Welt."

Die Prinzessin erreichte den Hof des Kaisers und stellte sich als Prinz Fet-Fruners vor. Sie war sehr freundlich und übernahm bereitwillig jede Aufgabe. Unter den Pagen des Kaisers, die alle Königssöhne waren, wurde sie bald sein Liebling.

Eines Tages bemerkte der Kaiser die blonde Locke und fragte Fet-Fruners danach. Sie antwortete: „Diese Locke ist von Prinzessin Iliane, dem schönsten Mädchen der Welt."

„Ich bin der mächtigste Mann", sagte der Kaiser, „deshalb sollte das schönste Mädchen meine Frau werden. Wenn du sie mir nicht bringst, verlierst du deinen Kopf."

Fet-Fruners bat Sonnenlicht um Rat. Das Pferd sagte: „Verlange vom Kaiser ein Schiff, das mit Schätzen beladen ist. Segle

Der Kaiser befiehlt Fet-Fruners, ihm Prinzessin Iliane zu bringen. Sie ist das schönste Mädchen der Welt und er will sie heiraten.

damit zu der Insel, auf der eine Riesin Iliane gefangen hält. Tu, als seist du ein Kaufmann, und lade die Prinzessin ein, sich deine Waren anzuschauen. Dann kannst du sie entführen."

Fet-Fruners tat, was Sonnenlicht ihr geraten hatte. Sie segelte mit der Prinzessin fort, aber die Riesin verfolgte sie. Bei jedem Schritt ragte eines ihrer

DAS MÄDCHEN, DAS SICH ALS JUNGE AUSGAB ❦ *Rumänien*

Beine zum Himmel empor, während das andere in der Tiefe den Meeresboden berührte. Als das Schiff die Küste erreichte, war die Riesin dicht hinter ihnen. Sonnenlicht wartete am Strand und Fet-Fruners und die Prinzessin sprangen auf seinen Rücken. Sonnenlicht sagte: „Greife in mein linkes Ohr, nimm einen Stein heraus und wirf ihn hinter dich." Fet-Fruners tat es und der Stein wurde zu einem Berg. Aber die Riesin überwand ihn mit Leichtigkeit. Sonnenlicht sagte Fet-Fruners, sie solle aus seinem linken Ohr eine Bürste nehmen und sie hinter sich werfen. Sie wurde zu einem dichten Wald, aber die Riesin kletterte auf einen Baum und schwang sich wie ein hässlicher Affe von Ast zu Ast. Zuletzt sagte Sonnenlicht: „Nimm den Ring von Prinzessin Ilianes Finger und wirf ihn hinter dich." Der Ring wurde zu einem steinernen Turm. Die Riesin sprang hinauf, fiel innen durch und zerschmetterte am Boden. Dann steckte Fet-Fruners den Ring wieder auf den Finger der Prinzessin. Der Kaiser freute sich sehr über ihre Ankunft, aber die Prinzessin sagte: „Ich habe gelobt, nur den Mann zu heiraten, der mir einen bestimmten Flakon mit Weihwasser bringt. Er wird in einer kleinen Kirche am Fluss Jordan von einem Einsiedler bewacht." Der Kaiser tat nie etwas selbst. Es war für ihn selbstverständlich, zu befehlen: „Fet-Fruners, geh und hol es!" Mit Sonnenlichts Hilfe stahl Fet-Fruners das Wasser. Auf der Flucht aber erreichte sie noch der Fluch des Einsiedlers: „Wenn du ein Mann bist, wirst du eine Frau, aber wenn du eine Frau bist, wirst du ein Mann!" So wurde Fet-Fruners zu einem wirklichen Prinzen. Als er mit dem Weihwasser zurück war, fragte der Kaiser Prinzessin Iliane: „Wirst du mich jetzt heiraten?"

„Nein", antwortete sie, „denn Fet-Fruners hat mir das Weihwasser gebracht, nicht Ihr."

Der Kaiser erstickte an seiner Wut. Fet-Fruners aber übernahm sein Reich. Er heiratete die Prinzessin und sie lebten glücklich bis an ihr Ende.

Eine Riesin verfolgt Fet-Fruners und Prinzessin Iliane.

Auf Befehl des Kaisers stiehlt Fet-Fruners einen Flakon mit Weihwasser und wird von einem zornigen Einsiedler in einen Mann verwandelt.

Der Kaiser erstickt vor Wut, weil die Prinzessin Fet-Fruners heiraten will.

HELDINNEN UND HELDEN

Krähenmann

IM TIEFSTEN
DSCHUNGEL
Diese Geschichte spielt im Regenwald des bergigen Landesinneren Jamaikas. Hier hat der unheimliche Krähenmann sein Versteck.

*E*INST LEBTE IM WALD ein riesiger Vogel, der Krähenmann genannt wurde. Wenn Krähenmann seine Flügel ausbreitete, wurde es dunkel auf der Welt. Der König bot eine hohe Belohnung für denjenigen, der Krähenmann tötete und die Welt wieder hell werden ließ. Dem Mann, der dies zu Wege brachte, versprach er auch die Hand einer seiner Töchter. Tausende von Männern gingen auf der Suche nach Krähenmann in den Wald. Sie fanden ihn im Wipfel eines der höchsten Bäume, aber sie konnten ihn nicht töten.

Eines Tages sagte ein armer Junge namens Soliday zu seiner Großmutter: „Ich werde versuchen, Krähenmann zu töten." Seine Großmutter erwiderte: „Junge, sei doch vernünftig!" Doch Soliday ging nach Kingston, um einen Bogen und sechs Pfeile zu kaufen, und danach in den Wald. Als er Krähenmann gefunden hatte, sang er: „Guten Morgen, Krähenmann, guten Morgen, Krähenmann, guten Morgen, Krähenmann, wie geht es dir denn heute?" Krähenmann sprang auf einen niedrigeren Ast herab und antwortete: „Guten Morgen, Soliday, guten Morgen, Soliday, guten Morgen, Soliday, wie geht es dir denn heute?" Soliday schoss einen Pfeil auf Krähenmann ab und zwei von dessen Federn schwebten herunter. Wieder sang er sein Lied. Krähenmann sprang erneut auf einen niedrigeren Ast und antwortete wie zuvor. Soliday schoss einen zweiten Pfeil ab und wieder schwebten zwei Federn herunter. Und so ging das Singen und Schießen immer weiter. Bei jedem Lied hüpfte der Krähenmann auf einen tiefer liegenden Ast und Soliday schoss einen Pfeil. Dann sang Soliday das Lied zum sechsten Mal und Krähenmann sprang auf einen Ast ganz unten. Soliday schoss seinen letzten Pfeil ab und Krähenmann fiel tot

Anansi

Soliday

Soliday schießt einen Pfeil auf den Krähenmann ab.

KRÄHENMANN – Jamaika

Anansi verbirgt sich im Gebälk.

zu Boden. Soliday schnitt dem Krähenmann die goldene Zunge und die goldenen Zähne heraus, steckte sie in die Tasche und lief zu seiner Großmutter, um ihr alles zu erzählen.

Anansi hatte alles von einem Baum aus beobachtet. Er lud sich den toten Krähenmann auf den Rücken und ging zum Schloss des Königs. Vor dem Tor blieb er stehen und klopfte an. „Wer ist da?"

„Ich bin es, Anansi. Ich habe Krähenmann getötet."

Das Tor wurde geöffnet und der König hieß Anansi willkommen. Der schlaue Anansi wählte sofort die schönste Tochter des Königs und alle feierten begeistert den Tod von Krähenmann. Nur Anansi war nicht ganz bei der Sache; er behielt immer die Tür im Auge. Er befürchtete nämlich, dass Soliday kommen könne.

Plötzlich klopfte es am Tor. „Entschuldigt mich einen Augenblick", sagte Anansi und stahl sich davon. Jetzt wurde so stark geklopft, dass das Tor in seinen Angeln erzitterte. „Wer ist da?", riefen alle.

„Ich bin es, Soliday. Ich habe Krähenmann getötet!"

„Das kann nicht sein. Anansi hat ihn erlegt."

Soliday zeigte ihnen Zunge und Zähne. Der König sah in den Schnabel von Krähenmann und stellte fest, dass Zunge und Zähne fehlten. Dann merkte er, dass die Tür seines eigenen Hauses von innen abgesperrt war. Er rief nach Anansi.

Der König schaut in den Schnabel des Krähenmannes und erkennt, dass Soliday die Wahrheit sagt.

„Ich komme gleich!", antwortete Anansi von innen. Nach ein paar Minuten rief der König wieder.

„Einen Augenblick bitte!", antwortete Anansi. „Mir ist schlecht geworden." Während der König immer ärgerlicher wurde, bohrte Anansi ein Loch durch das Dach. Er schämte sich so. Schließlich verlor der König die Geduld und trat die Tür ein. Anansi war nirgends zu sehen. Manche sagen, dass er immer noch da oben im Gebälk sitzt. Der König verheiratete seine schönste Tochter nun mit Soliday und machte ihn zu einem der reichsten Männer der Welt.

ANANSI

Anansi ist ein sympathischer Gauner, der überlebt, indem er die Mächtigen austrickst. Er ist faul und schmückt sich – wie hier – gerne mit Lorbeeren, die er sich nicht verdient hat. Die Geschichten um diese trickreiche, mythologische Figur, die oft die Gestalt einer Spinne annimmt, kommen ursprünglich aus Ghana (Westafrika) und wurden von den afrikanischen Sklaven nach Amerika und in die Karibik mitgebracht.

HAUPTSTADT AM MEER

Diese Ansicht von Kingston, der Stadt, in der Soliday Pfeile und Bogen kauft, entstand im 19. Jh. als Jamaika eine britische Kolonie war. Kingston liegt an der Südostküste der Insel und war bereits Ende des 17. Jh.s ein aufstrebender Hafen; 1872 wurde es Hauptstadt von Jamaika.

HELDINNEN UND HELDEN

Kahukura und die Feennetze

ZAUBERHAFTE KÜSTE
Mit ihren vielen Inseln, Fjorden und Buchten eignet sich die Küste Neuseelands gut als Schauplatz einer Geschichte über einen jungen Mann, der fischenden Feen begegnet.

IN ALTER ZEIT fingen die Menschen die Fische einzeln mit Angelschnüren und Haken. Das war mühsam und langwierig und oft wurden sie nicht satt.

Eines Tages wanderte ein kluger junger Mann namens Kahukura am Strand entlang. Dabei kam er an eine Stelle, an der eine große Menge Fische lagen. Es musste ein Fang von annähernd tausend Fischen sein; erstaunlicherweise sah er im Sand aber nur die Spuren einiger weniger Leute. Ihm wurde klar, dass dieser riesige Fang den Patupaiarehe gehören musste, den Feen. Aber wie hatten sie bloß so viele Fische auf einmal fangen können? Kahukura versteckte sich nahe dem Strand, um eine Antwort auf seine Frage zu bekommen.

Die Nacht brach herein und er hörte draußen auf dem Meer einen lauten Gesang:

„Holt ein das Netz! Mit aller Kraft!
Die Ernte aus dem Meer
zappelt mit Macht!
Holt ein das Netz!"

Kahukura hatte keine Ahnung, was das Lied bedeuten sollte – niemand hatte je mit einem Netz Fische gefangen!

Da sah er auf einmal die bleichen Körper einiger Patupaiarehe im Mondlicht aufleuchten. Sie begannen an einem Seil zu ziehen, das an der Seite ihres Kanus herunterhing. Dabei sangen sie weiter ihr Lied.

Die Patupaiarehe sind fröhliche Leute und in dieser Nacht waren sie besonders gut gelaunt.

Kahukura ist überrascht, auf dem Strand einen so großen Fang liegen zu sehen. Nur die Patupaiarehe konnten so viel Fisch gefangen haben.

In der Nacht hört er draußen auf dem Meer Gesang.

KAHUKURA UND DIE FEENNETZE – Maori

Nun war Kahukura ebenso hellhäutig wie die Patupaiarehe, und als sie ihr Netz auf den Strand hinaufzogen, half er ihnen dabei. In der Dunkelheit fiel er unter ihnen nicht weiter auf. Er arbeitete die ganze Nacht und die Patupaiarehe fingen mehrere tausend Fische. Als die Dämmerung nahte, teilten die Patupaiarehe ihren Fang auf. „Beeilt euch", rief ihr Anführer, „wir müssen vor Sonnenaufgang fertig sein." Denn wenn die Sonnenstrahlen die bleichen Körper der Feen berühren, sterben sie.

Kahukura versuchte, seinen Anteil ebenso wie die anderen auf ein Stück Schnur aufzufädeln, aber der Knoten ging immer wieder auf und die Fische rutschten herunter. Dadurch verzögerte er den Aufbruch der Patupaiarehe. Im Morgengrauen sahen sie, dass er ein Mensch war. Schreiend flohen sie ins Meer. Sie ließen nicht nur ihren gesamten Fang zurück, sondern auch ihr kostbares Netz. Und Kahukura sah, dass ihre Kanus nur Tauenden waren.

SEE-LEUTE
In den überlieferten Geschichten der Maori spielt das Meer eine große Rolle. Die Maori waren zunächst ein Volk von Seefahrern. Von den polynesischen Inseln aus besiedelten sie Neuseeland. Die Fischerei war ihre Lebensgrundlage und die Gewässer vor Neuseelands Küsten boten reiche Fanggründe.

Kahukura hilft ihnen, den Fang einzuholen, um hinter ihr Geheimnis zu kommen.

Im Licht der Dämmerung wird er gesehen.

Die Patupaiarehe fliehen. Den Fisch und ihr kostbares Netz lassen sie zurück.

So lernten die Menschen, mit Netzen zu fischen, sodass sie viele Fische auf einmal fangen konnten.

GESCHICHTE DES CHEFS
Dieses Märchen wurde Sir George Grey, einem Gouverneur von Neuseeland, vom Krieger und Häuptling Te Wherowhero erzählt (oben ein 1844 gemaltes Porträt). Zuerst veröffentlicht wurde das Märchen 1855 in Greys *Polynesian Mythology*.

Heldinnen und Helden

Der Dämon im Krug

Der Baal Schem Tov
Diese Geschichte stammt aus der jüdischen chassidischen Tradition, die häufig religiöse Inhalte durch Märchen zu vermitteln sucht. Dem törichten Mann kommt ein Religionsgelehrter zu Hilfe, der Baal Schem Tov, was „Inhaber des guten Namens" bedeutet. Dies war der Titel, der Israel ben Eliezer (1700-1760) verliehen wurde, dem Gründer des modernen Chassidismus.

Gefallene Engel
Der Dämon in dieser Geschichte ähnelt den Dschinn der arabischen Mythologie und der Geschichten aus *1001 Nacht*. *Dschinn* sind gefallene Engel, die Menschen- oder Tiergestalt annehmen können. Manche sind schön und gut, andere hässlich und böse. Dieser Dämon wurde von René Bull gemalt.

VOR LANGER ZEIT verirrte sich einmal ein Mann im Wald. Auf einem Baumstumpf ruhte er sich aus. Da fand er in dem Stumpf einen verkorkten Krug. Der Mann dachte, es sei ein Getränk und entfernte den Korken. Anstatt einer Flüssigkeit floss dichter Rauch heraus. Dieser nahm die Gestalt eines Geists an, der sich vor Lachen schüttelte. Der Mann war einerseits erschrocken, andererseits hoffte er, der Geist würde ihn für seine Befreiung belohnen. Er hatte von solchen Geistern gehört. Der Geist schien seine Gedanken erraten zu haben, denn er sagte: „Ich schulde dir Dank. Du hast mich aus diesem Krug befreit, in den mein Feind mich vor langer Zeit gesperrt hatte. Deshalb gewähre ich dir drei Wünsche." Überglücklich rief der Mann aus: „Als Erstes will ich nach Hause, denn ich habe mich in diesem Wald verirrt." Er hatte vergessen zu fragen, wer der Feind des Geists war. Das war nämlich der Baal Schem Tov

Ein Mann findet einen Krug und entkorkt ihn.

gewesen, der als Junge diesen *Dschinn* – der in Wirklichkeit ein böser Dämon war – in einen Krug gesperrt und im Wald versteckt hatte. Aber alles, worüber dieser Mann nachdachte, waren seine beiden verbleibenden Wünsche. Sollte er sich Reichtum oder Macht wünschen? Oder beides? Als sie sein Haus erreicht hatten, sagte der Geist: „Ich rate dir, darüber zu schlafen. Du willst deine Wünsche doch nicht vergeuden!" Der Mann war einverstanden.

Wie groß aber war sein Schreck, als er sich am nächsten Morgen kaum bewegen konnte! Sein Bett war auf die Hälfte seiner Größe geschrumpft – ebenso wie all die anderen Dinge im Haus. Sogar das Geld in seinem Geldbeutel! Er ging in die Küche. Am Küchentisch, der auch nur noch halb so groß war wie sonst, saß der Geist.

„Gib allen Dingen im Haus ihre richtige Größe zurück und verändere sie nie wieder!", schrie der Mann.

„Deine Wünsche sind mir Befehl", kicherte der Geist. Er machte eine Handbewegung und alles war wieder wie früher.

„Warum sagtest du gerade: Wünsche?", fragte der Mann.

Der Dämon im Krug   Juden

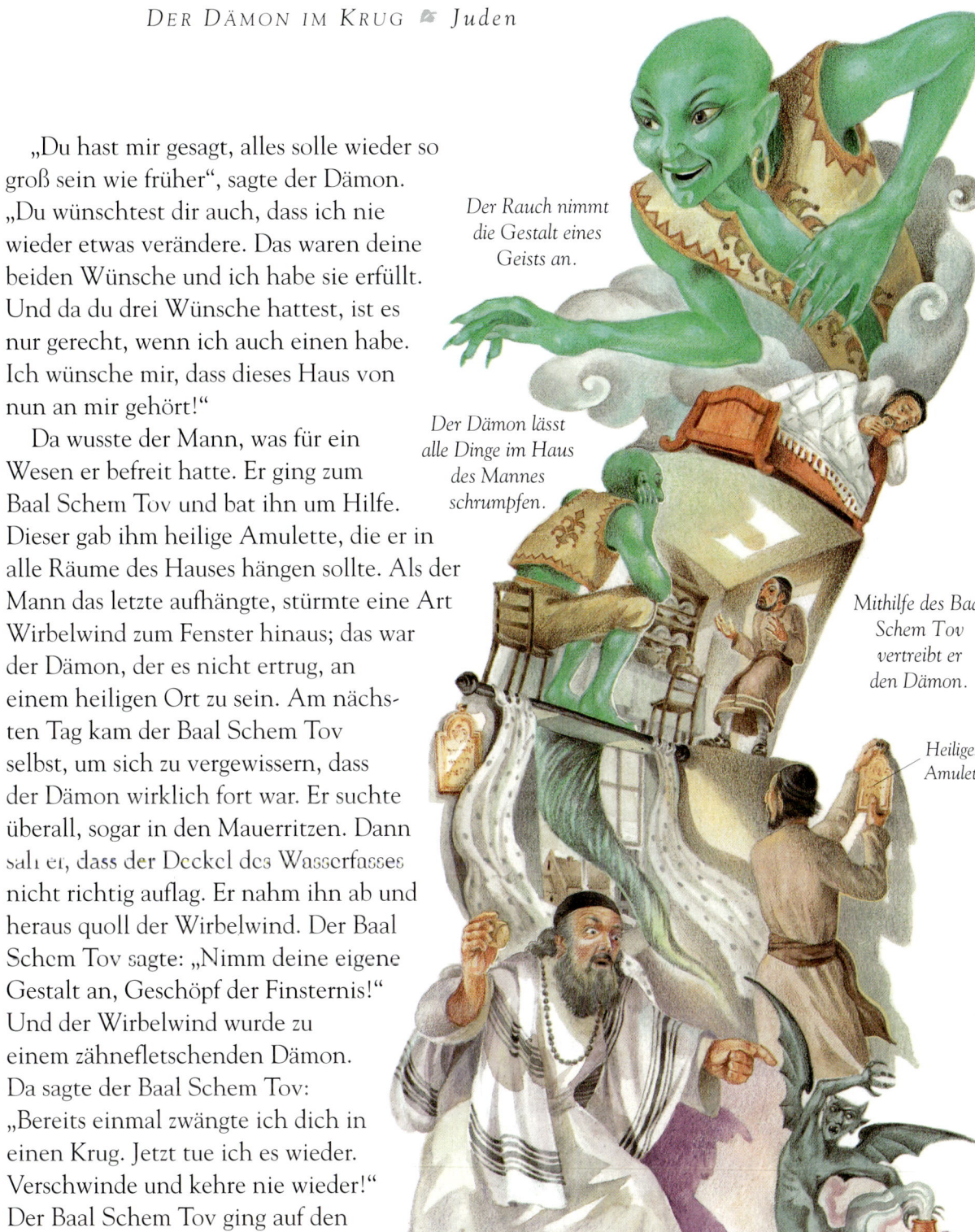

Der Rauch nimmt die Gestalt eines Geists an.

Der Dämon lässt alle Dinge im Haus des Mannes schrumpfen.

Mithilfe des Baal Schem Tov vertreibt er den Dämon.

Heiliges Amulett

Der zähnefletschende Dämon vermag nichts gegen den Baal Schem Tov, der ihn zurück in die Flasche sperrt.

„Du hast mir gesagt, alles solle wieder so groß sein wie früher", sagte der Dämon. „Du wünschtest dir auch, dass ich nie wieder etwas verändere. Das waren deine beiden Wünsche und ich habe sie erfüllt. Und da du drei Wünsche hattest, ist es nur gerecht, wenn ich auch einen habe. Ich wünsche mir, dass dieses Haus von nun an mir gehört!"

Da wusste der Mann, was für ein Wesen er befreit hatte. Er ging zum Baal Schem Tov und bat ihn um Hilfe. Dieser gab ihm heilige Amulette, die er in alle Räume des Hauses hängen sollte. Als der Mann das letzte aufhängte, stürmte eine Art Wirbelwind zum Fenster hinaus; das war der Dämon, der es nicht ertrug, an einem heiligen Ort zu sein. Am nächsten Tag kam der Baal Schem Tov selbst, um sich zu vergewissern, dass der Dämon wirklich fort war. Er suchte überall, sogar in den Mauerritzen. Dann sah er, dass der Deckel des Wasserfasses nicht richtig auflag. Er nahm ihn ab und heraus quoll der Wirbelwind. Der Baal Schem Tov sagte: „Nimm deine eigene Gestalt an, Geschöpf der Finsternis!" Und der Wirbelwind wurde zu einem zähnefletschenden Dämon. Da sagte der Baal Schem Tov: „Bereits einmal zwängte ich dich in einen Krug. Jetzt tue ich es wieder. Verschwinde und kehre nie wieder!" Der Baal Schem Tov ging auf den Dämon zu. Mit jedem Schritt, den er näher kam, wurde der Dämon kleiner, bis er nur noch ein winziges Teufelchen war. Schleunigst verschloss der Baal Schem Tov den Krug.

HELDINNEN UND HELDEN

Baba Jaga

DIE SCHLIMMSTE HEXE
Baba Jaga, hier in einer russischen Illustration (um 1900), ist die bekannteste russische Märchenhexe. Die hässliche alte Frau macht Jagd auf Kinder. Dabei fliegt sie in einem Zaubermörser anstatt auf einem Besenstiel. Zum Glück kann sie aber, ebenso wie die meisten Hexen, fließendes Wasser nicht überqueren.

SCHÖNE TÜCHER
Das Leben der Bauern war hart. Trotzdem fanden die russischen Frauen auf dem Land immer noch die Zeit, wunderschön bestickte Kopftücher herzustellen. Die Frauen trugen sie meist zu Festen – wie hier auf dem 1902 entstandenen Gemälde von Andrej Rjabuschkin.

ES WAR EINMAL ein Witwer, der wieder geheiratet hatte. Die neue Frau hasste seine Tochter. Sie tat, was sie konnte, um ihr das Leben schwer zu machen. Eines Tages, als der Vater nicht da war, sagte die Stiefmutter: „Geh zu deiner Tante, meiner Schwester, und bitte sie um Nähgarn." Nun war die Schwester der Stiefmutter aber Baba Jaga Knochenbein; sie ist die Hexe, die im Wald in einer Hütte auf Hühnerbeinen lebt. Das Mädchen ahnte, dass die Stiefmutter sie in Schwierigkeiten bringen wollte. Trotzdem ging sie zur Hütte von Baba Jaga und bat sie um etwas Garn. Baba Jaga sagte: „Natürlich. Aber webe bitte ein wenig für mich, während ich danach suche." Als das Mädchen am Webstuhl saß, rief Baba Jaga ihre Magd und sagte: „Bereite für meine Nichte ein schönes heißes Bad. Ich möchte sie zum Frühstück essen."

Die Stiefmutter schickt das Mädchen zu Baba Yaga, deren Hütte auf Hühnerbeinen steht.

Das Mädchen hatte das gehört und bat die Magd, nicht allzu heißes Wasser zu nehmen; zum Dank gab sie ihr ein schönes Kopftuch. Dann hörte das Mädchen Baba Jaga zu ihrer Katze sagen: „Du kannst meiner Nichte die Augen auskratzen." Aber das Mädchen gab der Katze ein Stück Schinken; die Katze schenkte ihr dafür einen Kamm und ein Handtuch. „Lauf", sagte die Katze. „Wenn du merkst, dass Baba Jaga dich verfolgt, dann wirf diese Dinge hinter dich."

Die Nichte lief aus dem Haus. Baba Jagas Hunde sprangen an ihr hoch, als wollten sie sie in Stücke reißen; da warf sie ihnen etwas Brot hin und die Hunde ließen sie in Ruhe. Baba Jagas Tor versuchte, sich vor ihr zu verschließen, aber sie ölte seine Angeln und das Tor ließ das Mädchen durch. Die Birke vor dem Tor versuchte, ihr mit den Zweigen in die Augen zu schlagen, aber sie band die Zweige mit einem Band zusammen und die Birke ließ sie vorbei.

Inzwischen hatte sich die Katze an den Webstuhl gesetzt, und immer wenn Baba Jaga rief: „Webst du, Liebes?", antwortete die Katze: „Ja, Tante." Bald jedoch merkte Baba Jaga, was los war, und als sie sah, wie die Katze die Fäden verheddert hatte, bekam sie einen Wutanfall. Sie

Baba Jaga — Russland

Baba Jagas Magd, ihre Katze und ihre Hunde sehen zu, wie sie zu ihrer Jagd aufbricht.

Baba Jaga in ihrem Zaubermörser

Die Hexe ist sich sicher, ihre Beute einzufangen, doch die magischen Geschenke der Katze helfen dem Mädchen.

schlug die Katze, doch diese sagte: „In all den Jahren, in denen ich dir gedient habe, hast du mir nicht einmal eine Gräte gegeben, aber deine Nichte gab mir Schinken."

Baba Jaga schlug ihre Magd, ihre Hunde, ihr Tor und ihre Birke, aber alle sagten, ihre Nichte habe sie besser behandelt als Baba Jaga. So stieg die Hexe in ihren Zaubermörser, peitschte ihn mit dem Stößel und machte sich auf die Jagd nach ihrer Nichte.

Als diese Baba Jaga kommen hörte, warf sie das Handtuch hinter sich. Es wurde zu einem breiten Fluss. Baba Jaga knirschte mit den Zähnen, denn sie konnte kein fließendes Gewässer überqueren. Sie flog nach Hause und holte ihre Ochsen, die den Fluss leer tranken.

Wieder hörte die Nichte Baba Jaga kommen. Sie warf den Kamm hinter sich und er wurde zu einem dichten Wald. Heulend vor Wut nagte sich Baba Jaga mit ihren scharfen Zähnen durch Gestrüpp, Äste und Stämme. Gerade als die Hexe den Wald hinter sich gelassen hatte, erreichte die Nichte die Hütte ihres Vaters und schlug die Tür hinter sich zu. Der Vater schickte die böse Stiefmutter fort und er und seine Tochter lebten fortan glücklich und ohne Not.

Das Handtuch wird zu einem breiten Fluss – aber Baba Jagas Ochsen trinken ihn leer.

Der Kamm wird zu einem Wald.

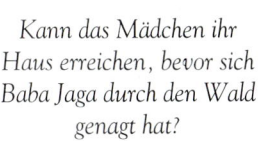

Das Haus des Mädchens

Kann das Mädchen ihr Haus erreichen, bevor sich Baba Jaga durch den Wald genagt hat?

Der Fliegende Kopf

HINTER DEN BÄUMEN
Dieses Märchen wird von den Irokesen im Nordosten Nordamerikas erzählt. Flüsse, Seen und dichte Wälder beherrschen hier die Landschaft (oben). Es gibt viele Indianergeschichten über Ungeheuer, die einst den Menschen nachstellten. Erstmals aufgenommen wurde es 1902.

GROSSE MEDIZIN
Die Macht der Geisterwelt spiegelt sich in dieser Maske der Irokesen, die allerdings gute und nicht böse Kräfte darstellt. Die geschnitzte Holzmaske gehörte einst einem Mitglied des Heilerbundes „Falsche Gesichter". Im Frühling und im Sommer besuchte dieser Bund die Langhäuser, um böse Geister zu vertreiben und Krankheiten zu heilen.

Der Fliegende Kopf schluckt glühende Steine und schreit vor Schmerz.

FRÜHER waren die Menschen zahllosen furchtbaren Ungeheuern und Geistern ausgesetzt. Tagsüber zwang die kraftvolle Sonne sie in ihre Verstecke, nachts aber und bei Sturm kamen sie heraus und streiften über die Erde. Der Furchtbarste von allen war der Fliegende Kopf. Er war nur ein großer Kopf ohne Körper, viermal so hoch wie der größte Mann; aus seinen Wangen wuchsen Flügel. Er konnte in den Himmel hinauffliegen und dann im Sturzflug herunterkommen und irgendeinen Unglücklichen mit seinen Fängen packen. Sein Haar war verfilzt und sein Mund zu einer wütenden Grimasse verzerrt.

Eines Nachts saß eine junge Frau mit ihrem Baby allein im Langhaus. Alle anderen waren aus Furcht vor dem Fliegenden Kopf geflohen. Die junge Frau jedoch hatte gesagt: „Wir können unsere Kinder nicht mit der Angst vor diesem Ungeheuer aufwachsen lassen. Irgendjemand muss sich ihm entgegenstellen." Sie wartete, bis sich der Fliegende Kopf an der Tür des Langhauses zeigte. Dann tat sie, als brate sie Fleisch. Mit einem gegabelten Stock nahm sie glühende Steine auf und hielt sie nahe an ihr Gesicht. Der Fliegende Kopf konnte nicht sehen, dass sie sie gar nicht aß, sondern hinter sich fallen ließ. Sie machte schmatzende Geräusche und rief: „Noch nie hat Fleisch so gut geschmeckt!" Der Fliegende Kopf stürzte herein und verschlang die übrigen glühenden Steine. Sie verbrannten seine Kehle und er flog schreiend davon. Er schrie so laut, dass die Erde bebte und Blätter von den Bäumen fielen. Als die Schreie verebbt waren, nahmen die Menschen die Hände von den Ohren. Sie kehrten ins Langhaus zurück, in dem die junge Frau ruhig ihr Kind stillte. Der furchtbare Fliegende Kopf aber wurde nie wieder gesehen.

JACK UND DIE BOHNENRANKE ❧ England

Jack und die Bohnenranke

EINE ARME WITWE hatte einen einzigen Sohn, der Jack hieß. Jeden Morgen molk sie ihre Kuh Milchweiß; Jack brachte die Milch dann zum Markt. Eines Morgens aber fiel beim Melken kein einziger Tropfen mehr in den Eimer.

„Ich suche mir Arbeit", sagte Jack.

„Niemand nimmt einen Faulpelz wie dich", erwiderte seine Mutter. „Es gibt nur eins. Wir müssen Milchweiß verkaufen."

So ging Jack mit der Kuh in die Stadt. Er war noch nicht weit gekommen, als er einen komisch aussehenden Mann traf. „Guten Morgen, Jack. Wo willst du hin?", fragte der Mann.

„Ich gehe zum Markt, um unsere Kuh zu verkaufen", antwortete Jack; er wunderte sich, dass der Mann seinen Namen kannte.

„Du siehst wie ein gewiefter Geschäftsmann aus", sagte der Mann. „Ich wette, du weißt, wie viele Bohnen fünf ergeben."

„Zwei in jeder Hand und eine im Mund", sagte Jack.

„Ich wusste, dass man mit dir Geschäfte machen kann", sagte der Mann. „Ich habe hier nämlich ausgerechnet Bohnen." Der komisch aussehende Mann hielt komisch aussehende Bohnen in der Hand. „Ich gebe dir für deine Kuh diese Bohnen."

„Milchweiß ist mehr wert als fünf Bohnen!"

„Wie du meinst", sagte der Mann. „Wenn du meine Zauberbohnen nicht willst, finden sich genug andere Käufer."

„Ich wusste nicht, dass es *Zauber*bohnen sind!", rief Jack aus. Er nahm die Bohnen und gab dem Mann die Kuh.

„Hast du Milchweiß schon verkauft?", rief seine Mutter. „Wie viel hast du bekommen?"

„Du errätst es nie", sagte Jack. „Es ist viel mehr, als wir uns erträumt hätten!"

BEKANNTE BOHNEN
Dieser Holzschnitt stammt aus der ältesten bekannten gedruckten Fassung des Märchens von Jack und den Zauberbohnen. Sie wurde 1730 veröffentlicht.

Ein Mann bietet für die Kuh Milchweiß eine Hand voll Zauberbohnen.

HELDINNEN UND HELDEN

Bohnensprossen

AUSSAAT IM REGEN
Jacks Bohne könnte eine Stangenbohne gewesen sein, die am schnellsten wachsende Bohne. Aus dem Märchen erfahren wir nicht, bei welchem Wetter die Bohne ausgetrieben hat; vielleicht regnete es gerade. Das würde auch mit einem englischen Sprichwort übereinstimmen: „Säe Bohnen im Schlamm aus und sie wachsen wie ein Wald."

SPUCKEN
Der Umstand, dass Jacks Mutter die Bohne aus dem Fenster spuckt, könnte von Bedeutung sein. Obwohl Spucken in feinen Kreisen verpönt ist, soll es Glück bringen. Dieser Aberglaube ist in der ganzen Welt verbreitet.

„Oh!", hauchte Jacks alte Mutter. „Ich will mich erst setzen. Sind es fünfzig Pfund?"

„Nein", grinste Jack.

„Hundert?"

„Nein", lachte er.

„Doch bestimmt nicht tausend?"

„Viel mehr, Mutter. Ich habe fünf Zauberbohnen bekommen!"

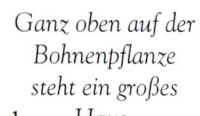

Der Zauber nimmt seinen Anfang, als Jacks Mutter eine Bohne aus dem Fenster spuckt.

Jack streckte seine Hand aus und zeigte ihr die Bohnen.

„Narr! Einfaltspinsel! Eine Kuh für eine Hand voll Bohnen! Ab ins Bett! Du bekommst keinen Schluck zu trinken und keinen Bissen zu essen!" Der arme Jack ging hungrig ins Bett. Seine Mutter warf vier der Bohnen ins Feuer. Die fünfte steckte sie in den Mund und spuckte sie aus dem Fenster. Als Jack am nächsten Morgen aufwachte, war der Raum von einem seltsamen grünen Licht erfüllt. Draußen ragte eine Bohnenranke, soweit er sehen konnte, in den Himmel empor. Jack kletterte auf dieser lebendigen Leiter in den Himmel hinauf. Dort sah er eine breite Straße, die zu einem großen Haus führte. Vor der Haustür stand eine riesig große Frau. „Morgen!", sagte Jack. „Hätten Sie ein Häppchen Frühstück für mich übrig?"

„Frühstück?", schrie die Frau. „Du bist selbst Frühstück, wenn du nicht gleich verschwindest. Mein Mann ist ein Riese und hält sehr viel von gebratenen Jungen!" Doch die Frau des Riesen hatte ein weiches Herz. Sie nahm Jack in die Küche mit und gab ihm Brot, Käse und einen Krug Milch. Bevor Jack seine Mahlzeit beenden konnte, begann das Haus – bomm! bomm! bomm! – zu wackeln. „Schnell!", zischte sie. Gerade hatte sie Jack in den Ofen gestopft, als der Riese hereinkam. Er war tatsächlich sehr groß. Er löste drei Kälber von seinem Gürtel und warf sie auf den Tisch. „Brate sie zum Frühstück", knurrte er. „Leider haben wir keinen Jungen da." Dann zuckte seine Nase und er schrie: „Fie fei fo fam, ich rieche Menschenblut. Lebend oder

Ganz oben auf der Bohnenpflanze steht ein großes Haus.

Die Frau des Riesen

Der Riese zählt sein Geld.

Jack flieht mit einem Sack voll Gold.

Weil das Gold ausgegeben ist, will Jack wieder die Bohnenpflanze hochklettern.

tot, ich mahle seine Knochen zu Mehl für mein Brot."

„Unsinn, Liebling", sagte seine Frau, „du träumst. Oder du riechst die Reste von dem kleinen Jungen, den du gestern hattest." Nach dem Frühstück ging der Riese zu einer Truhe und nahm zwei Säcke voller Gold heraus. Dann setzte er sich hin und zählte seine Goldstücke. Nach einer Weile nickte er ein und schnarchte bald so laut, dass die Töpfe und Pfannen in der Küche nur so klirrten. Jack schlich sich aus dem Ofen, ergriff einen Sack Gold und klemmte ihn sich unter den Arm. Er rannte aus dem Haus und zu der Bohnenranke und kletterte hinunter. Unten wartete bereits seine Mutter auf ihn. „Ich habe dir ja gesagt, dass es Zauberbohnen sind", sagte Jack lachend.

Eine Weile hatten die beiden ein schönes Leben, aber eines Tages war alles ausgegeben. Jack beschloss, noch einmal die Bohnenranke hinaufzuklettern. Oben sah er wieder die Straße, das Haus und die Frau des Riesen. „Morgen", sagte Jack frech. „Was gibt es zum Frühstück?"

„Du warst doch schon mal da", sagte die Frau des Riesen. „Mein Mann vermisst seitdem einen Sack Gold."

„Tatsächlich?", fragte Jack. „Ich denke, dass ich darüber etwas weiß. Leider kann ich vor lauter Hunger nicht sprechen."

Die Frau des Riesen nahm ihn mit herein und gab ihm zu essen. Dann – bomm! bomm! bomm! – hörte man den Riesen näher kommen. Jack versteckte sich wieder im Ofen.

HOHE VERBINDUNG
Die Vorstellung einer Treppe, die Himmel und Erde verbindet, wie die Bohnenpflanze in dieser Geschichte ist sehr alt. Im Alten Testament wird sie in den Geschichten vom Turm von Babel und von der Jakobsleiter umgesetzt. In den Mythen Nordeuropas spielt sie eine zentrale Rolle; hier sind Unterwelt, Erde und Himmel durch die Esche Yggdrasil verbunden.

GERECHTER RÄUBER
In einer Version des Märchens, die in einem 1807 von Benjamin Tabart veröffentlichten Groschenheft erschien, werden Jacks Diebstähle gerechtfertigt. Eine Fee sagt ihm, dass der Riese einst seinen Vater ermordete. Sie fügt hinzu, Jack dürfe alles nehmen, was der Riese besitzt, „denn alles, was er hat, ist dein, und dir wurde es zu Unrecht vorenthalten".

HELDINNEN UND HELDEN

ZAUBERHENNE
Hühner, die goldene Eier legen, hat es natürlich nie gegeben. Dafür werden fleißige Eierlegerinnen seit jeher sehr geschätzt. Gezielt gezüchtet wurden sie erst ab dem 19. Jh.

GOLDESEL
Tiere, die Gold erzeugen, kommen in zahlreichen Märchen vor. In „Tischchen deck dich" (in der Sammlung der Brüder Grimm enthalten) geht es unter anderem um einen Goldesel. Auf den Befehl „Bricklebrit" hin spuckt er Goldstücke aus.

„Fie fei fo fam!", brüllte der Riese. „Frau, bring mir die Henne, die goldene Eier legt."

Als sie die Henne gebracht hatte, sagte der Riese zu ihr: „Leg!", und sie legte ein goldenes Ei. Eine Weile später schlief der Riese ein und schnarchte. Jack kroch aus dem Ofen und klemmte sich die Henne unter den Arm. Er sauste zu der Bohnenpflanze; dabei gackerte das Huhn laut: „Gack gagagagag gaack!" Der Riese murmelte verschlafen: „Frau, was machst du mit meiner Henne?" Da rutschte Jack schon an der Bohnenranke runter. Er zeigte seiner Mutter die Henne. „Leg!", sagte er und die Henne legte ein weiteres goldenes Ei.

Doch Jack war immer noch nicht zufrieden. Seine Mutter bat ihn, es nicht zu tun; trotzdem kletterte er wieder die Pflanze hoch. Dieses Mal versteckte er sich, bis die Frau des Riesen nach draußen ging, um die Wäsche aufzuhängen. Dann schlich er hinein und versteckte sich im Waschbottich. Es dauerte nicht lange und – bomm! bomm! bomm! – kam der Riese herein, dicht gefolgt von seiner Frau.

„Fie fei fo fam, ich rieche Menschenfleisch", brüllte der Riese. „Ich rieche ihn, Frau."

„Tatsächlich, Lieber?", fragte seine Frau.

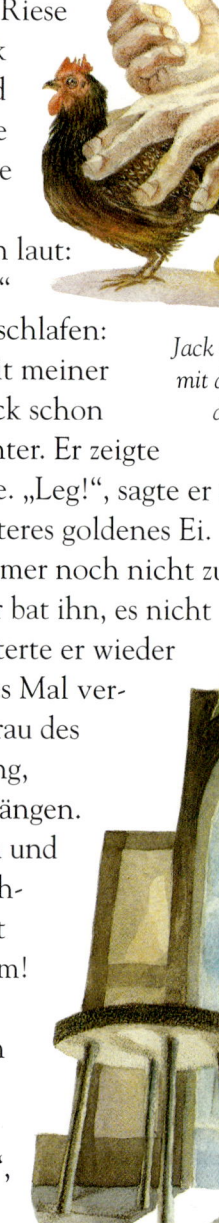

Die Henne des Riesen legt ein goldenes Ei.

Jack macht sich mit der Henne davon.

Jack versteckt sich im Waschbottich.

Jack und die Bohnenranke — England

„Wenn es der Dieb ist, der deine Henne und dein Gold gestohlen hat, dann muss er im Ofen sein." Jack war aber nicht im Ofen. „Da hast du es wieder, du mit deinem fie fei fo fam. Du riechst noch den Jungen, den du gestern gefangen hast und den ich dir vorhin zum Frühstück briet!" Der Riese setzte sich an den Tisch. Ab und zu murmelte er: „Ich könnte schwören ...", und stand dann auf und durchsuchte die Küche. Jacks Herz flatterte wie draußen die Wäsche an der Leine, aber der Riese kam nicht auf die Idee, im Waschbottich nachzusehen. Nach dem Frühstück rief er: „Frau, bring mir die goldene Harfe!"

Sie stellte sie vor ihm auf den Tisch. „Sing!", befahl er und die Harfe brachte eine goldene Melodie hervor. Bald nickte der Riese wieder ein und die schöne Harfenmusik wurde von seinem lauten Schnarchen übertönt. Jack kroch aus dem Waschbottich, schnappte sich die Harfe und lief davon. Doch die Harfe schrie: „Herr! Herr!", und der Riese erwachte. Er konnte Jack gerade noch mit der Harfe die Bohnenpflanze hinunterklettern sehen. Sofort kletterte der Riese hinterher. Die Bohnenranke schwankte unter seinem Gewicht. Unten angekommen rief Jack: „Mutter, hilf mir!" Seine Mutter holte schnell die Axt. Jack ergriff sie und fällte damit die Pflanze. Im Fallen schleuderte sie den Riesen weit weg. Er stürzte ins Meer und ertrank.

Jack und seine Mutter hatten jetzt die Henne, die goldene Eier legt und die Harfe, die goldene Melodien spielt. Und wenn sie sie nicht verloren haben, dann haben sie sie noch heute.

Der Riese

Als Jack die goldene Harfe nimmt, schreit sie: „Herr! Herr!"

Jack fällt die Bohnenpflanze. Der Riese, der ihn verfolgte, stürzt ins Meer.

DIE HARFE
Harfen gehören zu den ältesten Saiteninstrumenten; es gibt sie seit 4000 Jahren. Die Zauberharfe des Riesen spielt sich selbst. Normalerweise werden Harfen mit den Daumen und Fingern beider Hände gespielt. Früher waren Harfen so klein, dass man sie sich wirklich unter den Arm klemmen konnte. Mit einer modernen Konzertharfe, die 170 cm hoch ist, hätte Jack nicht die Bohnenpflanze hinunterklettern können!

RIESENTÖTER
Das Motiv eines großen und starken Wesens, das von einem weitaus kleineren besiegt wird, wird von vielen Märchen und Geschichten aufgenommen. Dieses Gemälde aus dem 17. Jh. von Orazio Borgianni stellt David dar, der den Riesen Goliath tötet.

HELDINNEN UND HELDEN

Eine magische Flöte

IM AUSTRALISCHEN BUSCH lebte einst ein junger Wanderarbeiter namens Damper. Er hieß so, weil er immer sagte, dass Damper-Brot, das in der Asche eines Lagerfeuers gebacken wurde, die köstlichste Speise der Welt sei.

Eines Nachts erhellte plötzlich ein großer Schwarm Glühwürmchen und Leuchtkäfer die Dunkelheit. Damper erblickte eine Schar kleiner Leute. Manche waren schwarz gekleidet, andere golden oder weiß. Er meinte seinen Augen nicht zu trauen.

Bald begannen die kleinen Leute so schnell zu tanzen, dass Damper vom Zuschauen schwindelig wurde. Dann bemerkte er, dass zwei von ihnen beiseite getreten waren. Sie trugen auch die prächtigsten Kleider und so nahm er an, dass sie der König und die Königin dieser Feengesellschaft waren. Er spitzte die Ohren und hörte, wie der Feenkönig sagte: „Ich habe die magische Flöte versteckt, wo sie keiner finden kann: unter den Wurzeln jenes alten Eukalyptusbaums dort drüben."

„Gut", erwiderte die Königin. „Denn jeder, der sie fände, hätte Macht über alle Lebewesen. Jeder, der ihre Melodie hört, muss danach tanzen."

Am Morgen überlegte Damper, ob er das alles nur geträumt hatte. Er sah aber vorsichtshalber unter der Wurzel des Eukalyptusbaums nach und fand dort eine Schilfflöte. Sie war etwa 15 cm lang und und hatte ein goldenes Mundstück. Damper steckte die Flöte in seinen Packen und wanderte weiter. Bald kam ihm ein Wagen entgegen. Eine dicke, wütende Frau saß darauf und schimpfte mit einem kleinen dünnen Mann, der nebenher lief. Damper ging zu der Frau und bat sie um etwas zu essen.

„Verschwinde bloß, du fauler Tagedieb", schimpfte sie.

Damper holte die Flöte heraus und spielte eine flotte Melodie. Die dicke Frau sprang vom Wagen und hüpfte und drehte sich auf der

EIN FRÖHLICHER WANDERSMANN
Damper ist ein Wanderarbeiter, der von Farm zu Farm zog, um bei der Schafschur, bei der Ernte oder beim Obstpflücken zu helfen. Ein solcher *swagman* reiste mit leichtem Gepäck und beförderte (das nannte man *waltzing*) seine Siebensachen in einem Packen, der *bluey* hieß oder *Matilda*. Er kochte in *billies* genannten Dosen. All diese Dinge werden in dem Lied „Waltzing Matilda" erwähnt, das Damper singt.

EINSAME WANDERER
Diese Geschichte spielt in New South Wales (Australien), dem so genannten „Outback", durch das Swagmen, Trapper und Buschklepper streifen.

Er findet die Flöte unter einem Baum.

Damper hört die Feen von einer magischen Flöte sprechen, die alle Geschöpfe zum Tanzen zwingt.

Eine magische Flöte ◆ Australien

Straße, während sich der kleine Mann vor Lachen bog. Nach einer Weile hörte Damper zu spielen auf und die Frau brach im Straßenstaub zusammen. Als er die Flöte wieder an die Lippen führte, rief sie: „Bitte nicht! Hab Erbarmen! Nimm alle Esssachen, die auf dem Wagen sind."

Damper nahm sich ein bisschen von ihrem Proviant und ging weiter; dabei sang er so laut er konnte „Waltzing Matilda". Doch das Lied blieb ihm im Halse stecken, als wie aus dem Nichts plötzlich ein großer bärtiger Buschklepper vor ihm stand und schrie: „Halt oder ich schieße!" Damper zog seine Flöte heraus und blies eine Melodie. Das Pferd des Räubers trappelte und hüpfte und buckelte so eifrig, dass sich der Buschklepper kaum noch im Sattel halten konnte. „Bitte, hör auf!", flehte er. „Ich werde dir deine Taschen mit Gold füllen."

„Nicht nur ein bisschen", sagte Damper. „Du gibst mir deine gesamte Räuberbeute und das Pferd dazu!" Der Buschklepper fluchte. Da blies Damper einen einzigen Ton auf der Flöte und der Räuber

SCHRECKEN DER KOLONIE
Buschklepper waren bewaffnete Räuber, die Reisenden auflauerten. Der bekannteste war Ned Kelly (oben), der um 1870 mit seiner Bande den Bundesstaat Victoria in Angst und Schrecken versetzte. Legendär waren auch Frank Gardiner, „Der König der Buschklepper", Fred Ward, „Der Blitz" und „Gentleman" Matthew Brady.

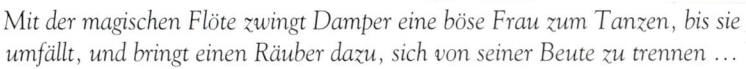

Mit der magischen Flöte zwingt Damper eine böse Frau zum Tanzen, bis sie umfällt, und bringt einen Räuber dazu, sich von seiner Beute zu trennen …

schrie: „Halt! Ich bin einverstanden!" Er übergab seinen Revolver, seinen Geldgürtel, seine Stiefel und sein Pferd und rannte weg. Damper untersuchte den Gürtel und sah, dass er voller Gold war. Als er das Pferd bestieg, war er der glücklichste Mann in ganz Australien – und auch einer der reichsten.

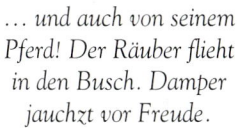

… und auch von seinem Pferd! Der Räuber flieht in den Busch. Damper jauchzt vor Freude.

43

LA
BARBE BLEUE.

IL estoit une fois un homme qui avoit de belles maisons à la Ville & à la Campagne, de la vaisselle d'or & d'argent, des meubles en broderie, & des ca-

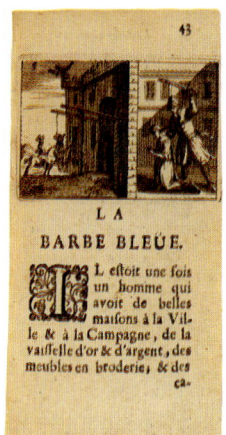

FINDET SIE SCHNELL! Diese erste Seite einer Nacherzählung von Perraults „Blaubart" aus dem 17. Jh. zeigt Blaubart im Begriff, seine Frau zu töten. Gleichzeitig stürmen ihre Brüder über die Zugbrücke, um sie zu retten. Werden sie es noch schaffen?

Blaubart

ES WAR EINMAL ein reicher Mann, der Blaubart genannt wurde. Er besaß in der Stadt und auf dem Land die schönsten Häuser sowie alles, was sein Herz sich nur wünschen konnte. Aber er hatte keine Frau. Eine Adelige, die in seiner Nähe wohnte, hatte zwei Töchter. Blaubart fragte, ob eine der beiden ihn heiraten wolle. Jedoch mochte keines der Mädchen einen Mann mit einem blauen Bart heiraten. Außerdem sollte er schon mehrmals geheiratet haben und niemand wusste, was aus den Frauen geworden war. Trotzdem ließen sich die Mädchen von ihm zu einem Fest auf seinem Landhaus einladen. Das Fest sollte eine Woche dauern und man würde die ganze Zeit über jagen, tanzen, Picknicks veranstalten und sich vergnügen. Es waren herrliche Tage und am Ende der Woche dachte die jüngere Tochter nicht mehr über die Bartfarbe ihres Gastgebers nach. Sobald sie wieder zurück in der Stadt waren, vermählte sie sich mit Blaubart.

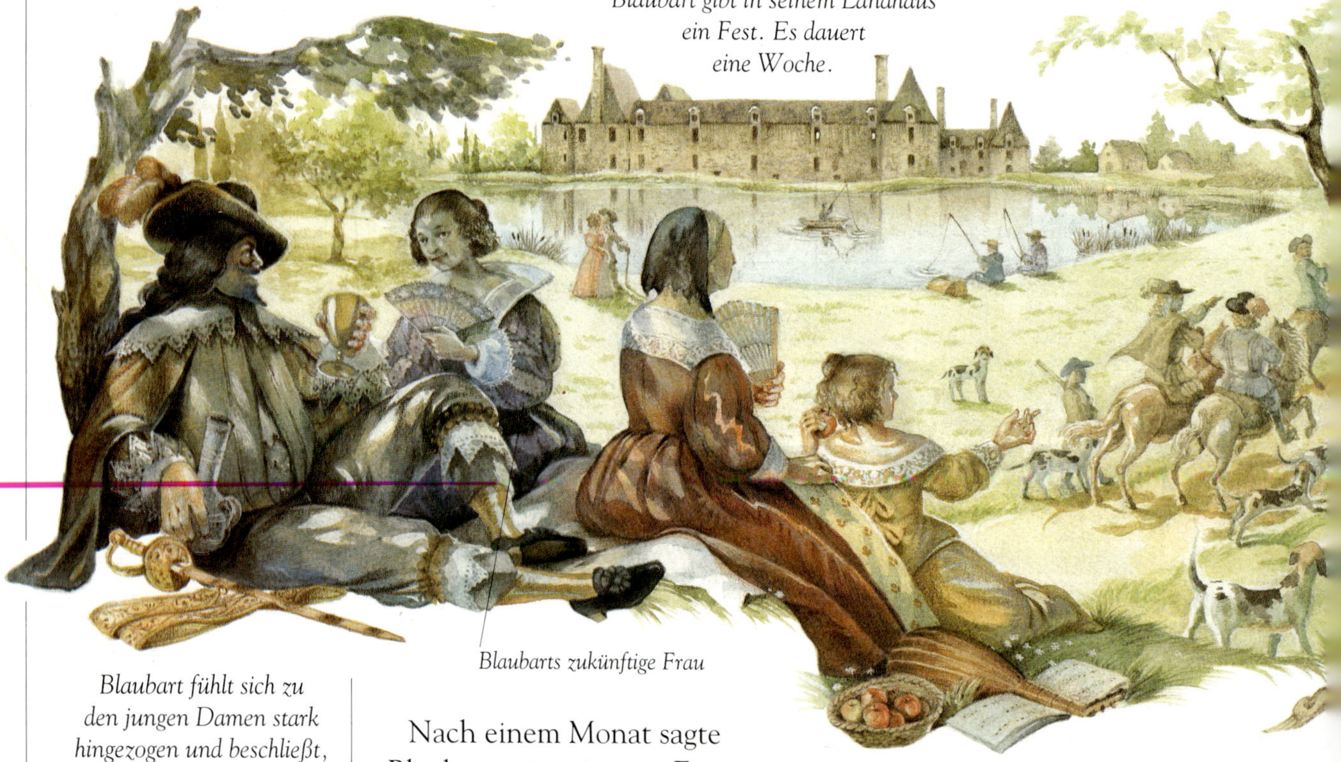

Blaubart gibt in seinem Landhaus ein Fest. Es dauert eine Woche.

Blaubarts zukünftige Frau

Blaubart fühlt sich zu den jungen Damen stark hingezogen und beschließt, eine davon zu heiraten.

Die Gäste speisen, spielen und jagen – und ein junges Mädchen verliebt sich.

Nach einem Monat sagte Blaubart seiner jungen Frau, er müsse geschäftlich verreisen.

BLAUBART ❦ Frankreich

„Du brauchst dich hier nicht alleine zu langweilen", sagte er. „Bitte deine Schwester Anne zu kommen und mit dir die Landluft zu genießen." Er gab ihr einen dicken Schlüsselbund und erklärte, wofür die einzelnen Schlüssel waren. Der eine war für die Geldkassette und der andere für den Geldschrank. Einen einzigen Schlüssel aber sollte sie niemals benutzen. Es war ein kleiner Schlüssel für die Tür zu einem schmalen Zimmer am Ende des Gangs. Er verbot ihr, sie zu öffnen. „Tust du es, dann musst du meinen Zorn fürchten." Sie versprach, alles zu tun, was er gesagt hatte, und er reiste ab.

Obwohl ihre Schwester bei ihr war und sie sich all die wunderbaren Dinge im Haus anschauen konnten, musste die junge Frau ständig an das geheimnisvolle Zimmer denken. Eines Nachmittags, während Anne sich in einem anderen Teil des Hauses beschäftigte, nahm sie den kleinen Schlüssel, öffnete die Tür und betrat den verbotenen Raum.

TÖDLICHE NEUGIER
In Märchen ist Neugier oft ein weiblicher Zug – und hat fast immer schlimme Folgen! Blaubart, hier in einer Illustration von Gustave Doré, erzählt seiner Frau von den Schlüsseln, um ihren Gehorsam zu prüfen. Sie weiß nicht, dass er Ungehorsam mit dem Tod bestraft. Charles Perrault schrieb darüber 1697: „Der Neugier … folgt oftmals schwere Reue."

Blaubart verbietet seiner Frau, den kleinen Schlüssel zu benutzen …

… aber sie kann der Versuchung nicht widerstehen.

WAHRE BLAUBARTE
Der Blaubart dieses Märchens hat verschiedene historische Vorbilder. Zu ihnen gehören der fran-zösische Edelmann und Mörder Gilles de Rais, der im 15. Jh. 140 Men-schen umbrachte, der englische König Hein-rich VIII., der für den Tod von zwei seiner sechs Ehefrauen verantwortlich war, sowie Comorre der Verfluchte. Er ermordete im 6. Jh. in der Bretagne vier Ehefrauen, als sie schwanger wurden. Tryphine, seine fünfte Frau, konnte fliehen und deckte seine Verbrechen auf.

Als sich ihre Augen an die Dunkelheit gewöhnt hatten, bemerkte sie auf dem Fußboden eine große geronnene Blutlache. Sie sah sich um und fuhr entsetzt zurück. In dem Blut spiegelten sich die Leichen mehrerer Frauen, die an den Wänden hingen. Das waren Blaubarts Frauen: Er hatte einer nach der anderen die Kehle durchgeschnitten.

HELDINNEN UND HELDEN

SCHLÜSSELROLLE
In Liebesgeschichten dienen kleine Schlüssel als romantische Symbole, als Schlüssel zum Herzen. Unser Märchen aber dreht diesen Zusammenhang auf raffinierte Weise um und macht den Schlüssel zu einem Symbol der Schuld.

Sie glaubte, sie müsse vor Angst sterben. Der Schlüssel fiel ihr aus der Hand zu Boden. Zitternd hob sie ihn auf und schloss die Tür ab. In ihrem Zimmer fiel sie in Ohnmacht.

Als sie daraus erwachte, merkte sie, dass der Schlüssel mit Blut befleckt war. Sie wusch und scheuerte ihn, aber das Blut ging nicht ab.

Blaubart kam unerwartet bereits an diesem Abend nach Hause und verlangte am nächsten Morgen seine Schlüssel zurück. Sie gab ihm den Bund und er merkte sofort, dass ein Schlüssel fehlte. Er sah ihr blasses Gesicht und ihre zitternde Hand; da wusste er, was geschehen war.

„Wo ist der Schlüssel zu dem kleinen Zimmer?", fragte er.

„Ich muss ihn oben gelassen haben", sagte sie.

„Bring ihn mir", befahl er.

Widerstrebend holte sie ihm den kleinen Schlüssel. Er nahm ihn und sah sie wütend an. „Warum ist Blut daran?"

„Ich weiß es nicht", flüsterte sie.

„Aber ich weiß es", sagte er erzürnt. „Du musstest unbedingt in jenen Raum gehen, den ich dir verbot. Nun, wenn du dort hineingehen willst, dann sollst du es auch tun. Du wirst neben den anderen hängen!" Sie warf sich vor ihrem Mann auf die Knie und bat um Gnade. Sie hätte einen Stein erweichen können, aber Blaubarts Herz war härter als Stein.

Der blutige Schlüssel

Blaubart steht am Schlussel Blut; nun weiß er, dass seine Frau sein Geheimnis kennt.

SCHLIMMER NAME
Lange Zeit war der Name „Blaubart" in Europa so bekannt, dass die Mütter ihren Kindern damit Angst machen konnten: Sie drohten, Blaubart würde böse Kinder holen. Auch heute noch wird in den Medien ein Mann, der seine Frau oder Geliebte ermordet hat, als „Blaubart" bezeichnet.

„Du musst sterben", erklärte er. „Deine letzte Stunde ist da."

„Gib mir wenigstens noch eine Viertelstunde", bat sie, „damit ich meine Gebete sagen kann."

„Wenn es sein muss", knurrte Blaubart.

Sie lief in ihr Zimmer, rief nach ihrer Schwester Anne und erzählte ihr, was geschehen war. „Schwester, geh bitte auf den Turm und sage mir, ob du unsere Brüder kommen siehst. Sie hatten versprochen, uns heute zu besuchen." Anne stieg auf den Turm hinauf.

Die junge Frau rief: „Anne, Schwester Anne, siehst du jemanden kommen?" Und Anne antwortete: „Ich sehe nichts als den Sonnenstaub, ich sehe nichts als das grüne Laub."

BLAUBART · Frankreich

Mit einem Säbel in der Hand betrat Blaubart die erste Treppe.
„Anne, Schwester Anne, siehst du jemanden kommen?"
„Ich sehe nur den Sonnenstaub und das grüne Laub."
Blaubart stieg schon die zweite Treppe hinauf.
„Anne, Schwester Anne, siehst du jemanden kommen?"
„Ich sehe in der Ferne eine Staubwolke", antwortete Anne.
„Sind es unsere Brüder?"
„Nein, Schwester, nur eine Herde Schafe."
Blaubart betrat die dritte Treppe.
„Anne, Schwester Anne, siehst du jemanden kommen?"
„Ich sehe zwei Reiter näher kommen", antwortete sie. „Gott sei gepriesen! Es sind unsere Brüder. O macht schnell, schnell!"
Blaubart betrat das Zimmer.
Seine Frau bat ihn noch einmal um Gnade. „Sei still", sagte er. „Du musst sterben." Er packte ihr Haar, riss ihren Kopf zurück und setzte ihr den Säbel an die Kehle. In diesem Augenblick stürmten ihre beiden Brüder herein. Sie hatten ihre Schwerter bereits gezogen und stießen sie Blaubart ins Herz. Ihre arme Schwester lag am Boden und schluchzte vor Entsetzen und Erleichterung.

Blaubart hatte keine Erben und so stand sein gesamtes Vermögen seiner Witwe zu. Sie gab einen Teil davon Anne, damit sie den Mann heiraten konnte, den sie liebte; ihren Brüdern schenkte sie so viel Geld, dass sie Offiziere in der Armee werden konnten. Den Rest teilte sie sich mit ihrem zweiten Ehemann. Er war ein guter Mann und half ihr, ihr Erlebnis mit Blaubart zu vergessen.

Schwester Anne

Die junge Frau ruft nach ihrer Schwester.

TREPPE ZUR ANGST
Dieses Märchen besitzt alle klassischen Zutaten einer Horrorgeschichte: ein charmanter, aber gewissenloser Bösewicht, ein furchtbares Geheimnis und eine unschuldige junge Heldin. Gerade die letzte Szene ist sehr spannungsgeladen: Der Bösewicht steigt langsam eine hohe Treppe hinauf, an deren Ende sein Opfer in der Falle sitzt. Dieses Motiv wurde seitdem immer wieder in Geschichten und Filmen verwendet.

Blaubart steigt die Treppe hinauf.

Blaubart will gerade seine Frau ermorden – da kommen ihre Brüder.

Die Brüder

HELDINNEN UND HELDEN

Die Zwillingsbrüder

EINE FRAU BRACHTE EINST Zwillingsbrüder zur Welt, die Mavungu und Luemba genannt wurden. Sie kamen fast ausgewachsen zur Welt und jeder hatte sein „Glück" dabei. Ungefähr zur gleichen Zeit war die Tochter des Dorfchefs Nzambi alt genug, um zu heiraten. Der Leopard, die Gazelle, das Schwein und alle anderen Tiere boten sich als Ehemänner an. Doch Nzambis Tochter wies sie ab. Mavungu hörte von diesem Mädchen und beschloss, sie zu heiraten.

MAGISCHE FIGUR
Mavungus „Glück" könnte ähnlich ausgesehen haben wie diese Holzfigur aus dem Kongo (19. Jh.). So eine Figur wird auch Fetisch genannt. Ein Zauberer kann sie durch Magie in die Lage versetzen, ihrem Besitzer Wohlstand zu bringen und ihn vor Feinden zu schützen. Leider versiegt Mavungus Glück.

Nzambis Tochter weist alle Tiere zurück und heiratet Mavungu.

Mavungu sieht in einem Spiegel ein Dorf, reist hin und wird dort von einer Hexe getötet.

Er bat sein „Glück" um Hilfe und erreichte nach mehrtägiger Reise Nzambis Dorf. Kaum hatte Nzambis Tochter ihn erblickt, lief sie auch schon zu ihrer Mutter und sagte: „Ich habe den Mann gesehen, den ich liebe. Ich werde sterben, wenn ich ihn nicht heirate."

So heirateten sie und wurden nach der Hochzeit in ein schönes Haus geführt, während das ganze Dorf ausgelassen sang und tanzte. Am nächsten Morgen sah Mavungu, dass die Wände des Hauses innen mit Spiegeln behängt waren. Über jedem Spiegel hing ein Tuch. Er bat Nzambis Tochter die Tücher wegzunehmen, damit er sich darin betrachten konnte. Sie enthüllte den ersten und er erblickte darin sein eigenes Dorf. Als sie die Tücher von den anderen wegnahm, sah er darin alle Dörfer, durch die er gekommen war. Sie weigerte sich, den letzten Spiegel zu enthüllen. „Er zeigt das Dorf, von dem kein Reisender wiederkehrt", sagte sie. Mavungu bestand trotzdem darauf,

DORFLEBEN
Obwohl die meisten Einwohner im Kongo heute in Städten leben, gibt es auf dem Land immer noch viele Dörfer. Die Menschen wohnen in Lehmhäusern mit Strohdächern, wie in diesem Märchen.

DIE ZWILLINGSBRÜDER ⁂ Kongo

es zu sehen. Dann sagte er: „Ich muss dorthin gehen." Sie konnte es ihm nicht ausreden. Bei seiner Ankunft in dem Dorf traf Mavungu eine Hexe. Er bat sie um Feuer für seine Pfeife und sie tötete ihn. Er zerfiel einfach.

Inzwischen machte Luemba sich Sorgen um seinen Bruder und beschloss, ihn suchen zu gehen. Er erreichte Nzambis Dorf und Nzambis Tochter lief ihm entgegen und rief: „Mavungu, du bist zurückgekehrt!"

Luemba versuchte zu erklären, dass er Mavungus Zwilling war, aber Nzambis Tochter wollte nicht auf ihn hören. Sie brachte ihn zu Mavungus Haus. In der Nacht bat Luemba sein „Glück" um Hilfe und

AFRIKANISCHE PFEIFEN
In Afrika rauchen Männer und Frauen schon seit langer Zeit Pfeife. Die böse Frau tötet Mavungu, der sich nach seiner langen Wanderung eine Pause gönnen will.

Mavungus Zwilling Luemba findet und tötet die Mörderin seines Bruders.

Luemba berührt seinen Bruder mit seinem „Glück" und holt ihn ins Leben zurück.

tatsächlich schlief Mavungus Frau sofort ein. Sie glaubte, ihren Mann wieder bei sich zu haben und war beruhigt. Am Morgen sah Luemba die zugehängten Spiegel und erfuhr von dem Dorf, von dem kein Reisender wiederkehrt. „Ich muss dorthin", sagte er.

„Was? Schon wieder?", fragte Nzambis Tochter.

Luemba ging zu dem Dorf und traf die Hexe. Er bat sie um Feuer, aber bevor sie irgendetwas tun konnte, tötete er sie. Nun sammelte Luemba die Knochen seines Bruders ein. Er berührte sie mit seinem „Glück" und sie wurden wieder zu seinem lebendigen Zwilling. Dann sammelten die beiden Brüder alle Knochen auf, die im Dorf des Todes herumlagen und brachten sie, jeder mit seinem „Glück", wieder zum Leben. Nun hatten die beiden hunderte treuer Gefolgsleute.

Sie kehrten in Nzambis Dorf zurück. Endlich konnte jeder sehen, dass sie tatsächlich zwei Brüder waren.

BRUDERHASS
Dieses Märchen wird vom Volk der Fjort im Kongo erzählt. Es hat nicht immer ein glückliches Ende. In anderen Versionen streiten sich die Brüder wegen ihrer Gefolgsleute. Mavungu sagt, dass sie zu ihm gehörten, weil er der Ältere sei; Luemba behauptet, es seien seine, denn er habe Mavungu wieder zum Leben erweckt. Mavungu tötet seinen Bruder, aber Luembas Pferd bleibt bei der Leiche und berührt sie mit seinem „Glück". Luemba lebt nun wieder; er verfolgt Mavungu auf seinem Pferd und tötet ihn. Nachdem die Leute die Geschichte gehört haben, sagen sie, dass Luemba richtig gehandelt habe.

HELDINNEN UND HELDEN

Wettessen mit einem Troll

EIN ARMER ALTER BAUER hatte drei faule Söhne. Weil er tief verschuldet war, beschloss er, den Wald, den sein Vater ihm vererbt hatte, als Feuerholz zu verkaufen. Er trug seinem ältesten Sohn auf, die Bäume zu fällen, und der Bursche zog schlecht gelaunt los. Im tiefen Wald blieb er bei einer bemoosten alten Tanne stehen. Als er seine Axt hob, hörte er plötzlich die tiefe Stimme eines großen Trolls: „Das ist mein Wald. Wenn du den Baum fällst, töte ich dich!"

Der Bursche ließ die Axt fallen und rannte, bis er zu Hause war.

„Du Angsthase!", schimpfte sein Vater. „In meiner Jugend hätte ich einem Troll nie erlaubt, mir Angst zu machen."

Er schickte seinen zweiten Sohn in den Wald und das Gleiche geschah: Der Troll drohte und der Junge lief weg. „Wer hätte gedacht, dass ich solche Schwächlinge als Söhne habe", brüllte der alte Bauer. „Mich hätte kein Troll davon abhalten können, meine Bäume zu fällen!" Kopfschüttelnd schickte er seinen jüngsten Sohn in den Wald. Er wurde Aschenjunge genannt, weil er seine Tage dösend vor dem Feuer verbrachte.

„Du kommst bald wieder mit eingeklemmtem Schwanz zurück", spotteten seine Brüder.

„Wir werden sehen", erwiderte der Aschenjunge. Er bat seine Mutter, ihm frischen Käse mitzugeben.

Als der Aschenjunge im Wald war, erschien der Troll und schrie ihn an. Doch der Aschenjunge sagte: „Sei still, Troll, oder ich quetsche deinen Atem aus dir wie Wasser aus einem Stein."

„Wie meinst du das: Wasser aus einem Stein?", fragte der Troll.

„So", sagte der Junge. Er nahm den frischen Käse, der aussah wie ein weißer Stein. Dann quetschte er ihn in seiner Faust und klare Molke rann heraus.

EVENTYR
Die norwegischen Volksmärchen, *eventyr* genannt, wurden seit dem Mittelalter mündlich überliefert. Erstmals in gedruckter Form erschien dieses Märchen 1842 im ersten Band der Sammlung *Norske Folkeeventyr* von Peter Christen Asbjørnsen und Jørgen Ingebretsen Moe.

BERGKÖNIGE
Norwegens Dovrefjell-Berge sind als Lebensraum der Trolle und Feen bekannt. Trolle können sehr unterschiedliche Temperamente haben und gut oder böse sein. Es gibt unter ihnen ebenso Riesen wie Zwerge. Obwohl sie mehr als nur einen Kopf haben können, sind sie nicht sehr gewitzt. Sie meiden das Sonnenlicht und leben in Berghöhlen, in denen sie auch ihre Schätze horten.

Zur Verblüffung des Trolls quetscht der Junge Wasser aus dem „Stein".

Wettessen mit einem Troll · Norwegen

Trolle sind nicht gerade die intelligentesten Wesen. Der Aschenjunge sagte: „Wenn du mir hilfst, diese Bäume zu fällen, tue ich dir nichts." Als sie alle Bäume gefällt hatten, lud der Troll den Jungen zum Abendessen ein. Sie kamen zum Haus des Trolls und dieser nahm sich aus zwei riesigen Eiseneimern Wasser. Da sagte der Aschenjunge: „In diesen Fingerhüten ist nicht genug Wasser, um meinen Durst zu stillen. Wo ist deine Quelle? Ich hole sie mir her."

Der Troll war äußerst beunruhigt. „Nein!", sagte er hastig. „Ich brauche die Quelle noch. Ich hole dir so viel Wasser, wie du willst."

Dann kochte der Troll einen großen Kessel voller Brei. „Das können wir nicht einmal zu zweit aufessen", sagte er.

„Lass uns um die Wette essen", rief der Aschenjunge. Der Troll war einverstanden. Er schaufelte den Brei mit einem großen Löffel; das tat auch der Aschenjunge. Während der Troll aber aß, löffelte der Junge den Brei in den Beutel vor seinem Bauch. Schließlich sagte der Troll: „Ich bin so voll, dass ich keinen einzigen Löffel voll mehr essen kann."

„So geht es mir auch", sagte der Junge. „Ich mache wieder etwas Platz." Und er nahm ein Messer und schlitzte den Beutel auf, sodass der Brei herausquoll. „Tut das nicht weh?", fragte der Troll.

„Kein bisschen", sagte der Aschenjunge. „Warum versuchst du es nicht auch?" Der törichte Troll schlitzte sich mit einem Messer den Bauch auf und war bald darauf tot. Der Aschenjunge nahm das Gold des Trolls mit nach Hause. Er gab es seinem Vater, der damit alle Schulden der Familie zahlte.

SCHRECKEN DER RIESEN
Ähnliche Dinge geschehen in dem englischen Märchen „Jack der Riesentöter" (oben). Auch Jack ist ein einfallsreicher Held, der eine Reihe aufregender Kämpfe mit verschiedenen Riesen übersteht. Er besiegt sie alle, bewahrt das Reich von König Artus vor dem Untergang und rettet Ritter und adlige Damen.

Es sieht aus, als würde der Aschenjunge seinen Bauch aufschlitzen; der Brei quillt heraus.

Der dumme Troll versucht den gleichen Trick – und stirbt. Der Junge nimmt den Schatz des Trolls mit.

Der Aschenjunge und der Troll beginnen mit ihrem Wettessen.

HELDINNEN UND HELDEN

Schneewittchen

UNSCHULDIGE SIEGERIN
Diese Geschichte vom Triumph eines unschuldigen Mädchens über eine böse Königin wurde 1823 von den Brüdern Grimm als „Sneewittchen" veröffentlicht. Ähnliche Märchen werden in ganz Europa erzählt, in der Türkei und in Nord- und Westafrika. In manchen Versionen findet Schneewittchen nicht bei Zwergen, sondern bei Räubern Zuflucht.

DIE DREI BÄREN
So bekannt wie „Schneewittchen" bei uns ist in englischsprachigen Ländern das Märchen „Goldlöckchen und die drei Bären" (hier eine Illustration von Arthur Rackham; 1933).

ES WAR EINMAL EINE KÖNIGIN, die saß am Fenster und nähte. Es schneite und ein paar Flocken fielen auf den Fensterrahmen aus schwarzem Ebenholz. Als die Königin aufsah, stach sie sich in den Finger und drei Tropfen Blut fielen in den Schnee. Da sagte sie bei sich: „Ach hätt ich nur ein Kind, so weiß wie Schnee, so rot wie Blut und so schwarz wie Ebenholz!" Bald darauf bekam sie eine kleine Tochter; ihre Haut war so weiß wie Schnee, ihr Haar so schwarz wie Ebenholz und ihre Lippen waren so rot wie Blut. Sie wurde Schneewittchen genannt. Nach ihrer Geburt starb die Mutter.

Schneewittchens Mutter

Nach dem Tod von Schneewittchens Mutter wird eine eitle Schöne Königin.

Ein Jahr später heiratete der König eine andere Frau. Die neue Königin war stolz und eitel. Jeden Tag fragte sie ihren Spiegel: „Spieglein, Spieglein an der Wand, wer ist die Schönste im ganzen Land?" Und der Spiegel antwortete immer: „Frau Königin, Ihr seid die Schönste hier."

Eines Tages aber, als Schneewittchen sieben Jahre alt war, erwiderte er: „Schneewittchen ist tausendmal schöner als Ihr." Da befahl die Königin hasserfüllt ihrem Jäger: „Führe Schneewittchen in den Wald und töte sie. Bring mir zum Beweis ihre Lunge und ihre Leber."

Der Jäger führte Schneewittchen in den Wald, wollte sie aber nicht töten. An ihrer Stelle schoss er ein junges Wildschwein und brachte der Königin dessen Lunge und Leber. Sie ließ sie kochen und aß sie auf.

Schneewittchen lief einsam und voller Angst durch den Wald. Endlich kam sie zu einem kleinen Haus. Innen waren auf einem Tisch sieben Teller und Becher eingedeckt und im oberen Stockwerk standen sieben Betten. Schneewittchen aß von jedem Teller und trank aus jedem Becher einen Schluck. Dann probierte sie die Betten der Reihe nach aus. Das siebte war richtig; sie legte sich hinein und schlief ein.

SCHNEEWITTCHEN · Deutschland

In der Dämmerung kamen die Besitzer des Hauses zurück. Es waren Zwerge, die in den Bergen nach Metallen gruben. Einer nach dem anderen fragte: „Wer hat von meinem Teller gegessen?", und: „Wer hat aus meinem Becher getrunken?", und: „Wer hat in meinem Bett geschlafen?" Dann entdeckte der siebte Zwerg in seinem Bett das schlafende Schneewittchen. Um sie nicht zu stören, schlief er bei den anderen Zwergen – bei jedem eine Stunde. Am nächsten Tag erzählte Schneewittchen den Zwergen von der bösen Stiefmutter und dem Jäger. Sie sagten: „Bleib bei uns und kümmere dich um unseren Haushalt, so soll es dir an nichts fehlen." Und Schneewittchen blieb bei den sieben Zwergen.

Eines Tages fragte die Königin wieder ihren Zauberspiegel:

„Spieglein, Spieglein an der Wand,
wer ist die Schönste im ganzen Land?"

„Frau Königin, Ihr seid die Schönste hier, aber Schneewittchen über den Bergen bei den sieben Zwergen ist noch tausendmal schöner als Ihr", antwortete der Spiegel. So erfuhr die Königin, dass Schneewittchen noch lebte. Sie verkleidete sich als Händlerin, nahm bunte Bänder mit und ging zum Haus der sieben Zwerge. Die Zwerge hatten Schneewittchen gebeten, niemandem aufzumachen, aber als sie die bunten Bänder sah, konnte sie nicht wider-

Der Jäger

Der Jäger schont Schneewittchens Leben; an ihrer Stelle tötet er ein Wildschwein.

Das Haus der Zwerge

Schneewittchen will für die Zwerge kochen und putzen.

DISNEYS ZWERGE
Walt Disneys *Schneewittchen und die sieben Zwerge* (1937) war der erste abendfüllende Zeichentrickfilm. Eine sehr hübsche Idee von Disney war, den Zwergen Namen zu geben, die ihre Persönlichkeit beschreiben: Chef, Happy, Hatschi, Brummbär, Pimpi, Seppi und Schlafmütz.

Die alte Frau verkauft schöne Bänder.

HELDINNEN UND HELDEN

Die Zwerge ziehen aus Schneewittchens Haar den vergifteten Kamm und sie wird wieder lebendig.

Bänder sah, konnte sie nicht widerstehen. Die Händlerin sagte: „Ich will dir mit dem schönsten Band dein Kleid schnüren." Und sie schnürte Schneewittchen so fest, dass sie leblos zu Boden sank.

„Jetzt bin ich wieder die Schönste", freute sich die böse Königin. Am Abend fanden die Zwerge das ohnmächtige Mädchen. Zuerst dachten sie, es sei tot; als sie aber die Schnur an seinem Kleid durchgeschnitten hatten, kam es wieder zur Besinnung. Als die Königin ihren Zauberspiegel das nächste Mal fragte, wer die Schönste im ganzen Land sei, antwortete er wieder: „Schneewittchen." Sie verkleidete sich als eine andere, ältere Händlerin und ging zum Haus der Zwerge. Dieses Mal wollte das Mädchen sie nicht hereinlassen. „Schau dir doch meine feinen Kämme an", sagte die Händlerin. Schneewittchen lehnte sich aus dem Fenster heraus und die alte Frau sagte: „Ich will dir meinen schönsten Kamm ins Haar stecken."

Der Kamm war in Gift getaucht, und als er Schneewittchens Haar berührte, schwanden ihr die Sinne. Am Abend dachten die Zwerge, Schneewittchen sei tot. Sobald sie aber den Kamm herausgezogen hatten, kam sie wieder zu sich. Sie warnten sie noch einmal eindringlich vor der bösen Stiefmutter.

Zu Hause angelangt fragte die Königin ihren Spiegel, wer die Schönste sei; und wieder antwortete er: „Schneewittchen." Sie verkleidete sich als Bauersfrau und ging ein drittes Mal zum Haus der Zwerge. Diesmal hatte sie einen schönen Apfel dabei. Er hatte eine gelbe und eine rote Seite. Die rote Seite des Apfels aber war vergiftet.

Schneewittchen öffnete der Bäuerin nicht die Tür. Doch diese bot ihr eine Hälfte von ihrem Apfel an: „Ich esse die gelbe Hälfte und du die rote." Kaum hatte Schneewittchen in den Apfel gebissen, da fiel sie tot zu Boden. Die grausame Königin lachte und ging nach Hause.

Am Abend versuchten die Zwerge alles, aber Schneewittchen blieb leblos. Drei Tage lang weinten sie um das Mädchen. Dann legten sie sie in einen Glassarg, auf dem in goldenen Buchstaben „Prinzessin Schneewittchen" stand. Sie brachten den Sarg auf einen Berg und

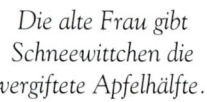

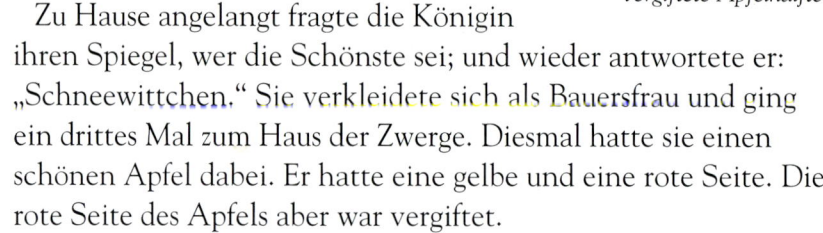

Die alte Frau gibt Schneewittchen die vergiftete Apfelhälfte.

VERLOCKENDER APFEL
Das Geschenk eines Apfels kann auch eine Liebeserklärung sein. Oft gilt die Frucht jedoch als Symbol des Verrats und des Todes. In dieser Szene aus Walt Disneys *Schneewittchen* lockt die als Hexe verkleidete Königin Schneewittchen mit einem vergifteten Apfel.

SCHNEEWITTCHEN ~ Deutschland

einer blieb immer dort und hielt Wache. Die Vögel, die Schneewittchen sehr geliebt hatten, kamen und beweinten sie: zuerst eine Eule, dann ein Rabe und zuletzt eine Taube.

Die Jahre vergingen, Schneewittchen aber wuchs in ihrem Glassarg zu einem wunderschönen Mädchen heran.

Eines Tages entdeckte ein Prinz den Glassarg. Als er Schneewittchen erblickte, verliebte er sich sofort in sie. „Bitte gebt mir den Sarg", bat er die Zwerge. „Ich werde euch gut dafür bezahlen."

„Wir würden ihn um nichts in der Welt verkaufen", antworteten die Zwerge.

TOTENWACHE
Die sieben Zwerge wachen über Schneewittchen in ihrem Glassarg, während sie zu einer schönen jungen Frau heranwächst; Alfred Zimmermann schuf 1913 diesen Stich.

Die sieben Zwerge

Ein Prinz sieht Schneewittchen in ihrem Glassarg und verliebt sich in sie.

„Aber ich kann ohne Schneewittchen nicht leben", sagte der Prinz weinend. Da schenkten ihm die Zwerge den Sarg. Beim Hinuntertragen vom Berg stolperten die Diener des Prinzen und der giftige Apfelbissen fiel aus Schneewittchens Hals. Sie erwachte und fragte: „Wo bin ich?"

„Du bist bei mir", sagte der Prinz. „Bitte werde meine Frau!" Der Prinz nahm sie mit zum Schloss seines Vaters und dort wurde die Hochzeit in aller Pracht gefeiert. Auch die böse Stiefmutter wurde zum Fest eingeladen. Erst wollte sie nicht kommen, doch die Neugier ließ ihr keine Ruh. Beim Betreten des Schlosses ergriffen die Wachen sie. Eisenschuhe waren ins Feuer gestellt worden. Als sie glühend heiß waren, musste die böse Königin sie anziehen und in ihnen tanzen, bis sie tot umfiel.

Der Sarg kippt und Schneewittchen erwacht zum Leben.

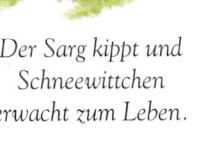

Die böse Königin sieht die rot glühenden Schuhe und errät ihre Strafe.

Wahre Liebe

In Märchen spielen nicht Geld oder Macht die größte Rolle, sondern die Liebe: Ein Prinz kann eine Dienstmagd heiraten, wie in „Aschenputtel", oder die Gefangene einer Hexe, wie in „Rapunzel". Sogar jene, die behaupten, dass sie niemals heiraten wollen, lassen sich von der Macht der Liebe besiegen; doch sie verlieren ihr Herz nicht an Menschen, sondern an Geister und Feen, und müssen furchtbar unter ihrer unerfüllbaren Sehnsucht leiden. Für die Liebenden kann der Weg von „Es war einmal …" bis „… vergnügt bis an ihr Lebensende" lang und schwer sein. Aber Geschichten wie „Der schwarze Stier von Norwegen" und „Der Schlangenprinz" zeigen, dass es keine Hindernisse oder Schrecken gibt, die treue Liebende nicht erdulden und schließlich besiegen können.

Aschenputtel passt der Schuh. Nun weiß der Prinz, dass sie seine wahre Liebe ist.

WAHRE LIEBE

Aschenputtel

AUS DEM ORIENT
Die weltweit berühmteste Fassung des „Aschenputtels" ist die von Charles Perrault (1697). Er erfand die Tante, die eine Fee ist, die Kürbiskutsche und den Glasschuh. Das Märchen an sich stammt aber aus China, wo kleine Füße als schön gelten. „Yehhsien", die erste bekannte Version, entstand im 9. Jh. n. Chr.

ES WAR EINMAL EIN MANN, dessen Frau starb und eine Tochter hinterließ; ein Jahr später heiratete er wieder. Seine zweite Frau war selbstsüchtig und grausam und ihre beiden Töchter waren genauso schlecht. Die Tochter des Mannes aber war so sanft und freundlich, wie es ihre Mutter gewesen war.

Die Stiefmutter und ihre Töchter machten sich einen Spaß daraus, das Mädchen zu quälen. Sie dachten sich immer neue Bosheiten aus und behandelten sie wie eine Dienstmagd. Der einzige Ort, an dem sie ihre Ruhe hatte, war in der Ecke des Kamins, in der Asche. Deshalb nannten sie sie Aschenputtel. Aber sogar in Lumpen war Aschenputtel immer noch schöner als ihre Stiefschwestern in ihren besten Kleidern.

Eines Tages lud der Sohn des Königs alle Edelleute der Umgebung zu einem Ball ein. An zwei Abenden sollte getanzt und gefeiert werden. Bald redeten die Schwestern von nichts anderem mehr. Aschenputtel musste ihnen bei der Auswahl der Kleider und des Schmucks helfen und auch das Haar frisieren. Obwohl sie dabei sehr vorsichtig war, schimpften die Stiefschwestern trotzdem ständig mit ihr und behaupteten, sie sei zu grob. Jeder andere hätte ihnen deshalb die Frisuren gründlich verdorben, aber Aschenputtel war dazu zu sanft.

Endlich waren die Stiefschwestern mit ihren Vorbereitungen fertig und gingen auf den Ball. Aschenputtel setzte sich in die Asche und weinte. Plötzlich stand eine alte Frau vor ihr. Sie hatte ein freundliches Gesicht und hielt einen Stab in der Hand. „Warum weinst du?", fragte sie. „Sag es mir. Ich bin deine Patentante und eine Fee." Aschenputtel gestand, dass sie gerne auf den Ball gehen würde.

„Dann wirst du gehen", sagte die Patin. „Hol mir einen Kürbis."

Aschenputtel holte aus dem Garten den größten Kürbis, den sie finden konnte. Ihre

Aschenputtel wird wie eine Dienstmagd behandelt.

ASCHENPUTTEL ~ Frankreich

Patin höhlte ihn aus und klopfte mit ihrem Zauberstab daran; im nächsten Augenblick war er zu einer eleganten goldenen Kutsche geworden. Dann schaute sie in die Mausefalle und fand darin sechs lebendige Mäuse. Sie berührte sie mit ihrem Stab und aus den Mäusen wurden sechs stattliche Grauschimmel. „Jetzt brauchen wir noch einen Kutscher", sagte die Patin und sah sich suchend um.

„Vielleicht ist in der Rattenfalle eine Ratte", meinte Aschenputtel. Es waren drei Ratten darin und eine hatte einen besonders langen Schnurrbart. „Aus ihr könnte man einen guten Kutscher machen", schlug Aschenputtel vor. Ihre Tante berührte die Ratte mit dem Stab und sie wurde zu einem dicken Kutscher mit einem ansehnlichen Schnurrbart.

Die Tante ist eine Fee und verwandelt …

… einen Kürbis in eine Kutsche, eine fette Ratte in einen Kutscher …

… sechs Mäuse in Pferde …

… und sechs Eidechsen in Diener.

„Geh wieder in den Garten", sagte die Patin. „Hinter der Gießkanne findest du sechs Eidechsen. Bring sie mir." Sie berührte die Eidechsen mit ihrem Stab und aus ihnen wurden sechs Diener in grünen Livreen „So – jetzt kannst du zum Ball!"

„In diesen Lumpen?", fragte Aschenputtel.

Da berührte die Patin sie mit ihrem Stab und sofort wurden ihre Lumpen zu einem glänzenden, mit Perlen bestickten Ballkleid. Ihre abgetretenen Schuhe aber verwandelten sich in feinste Glasschuhe.

Mithilfe des Zauberstabs werden Aschenputtels Lumpen zu einem herrlichen Ballkleid.

WAHRE LIEBE

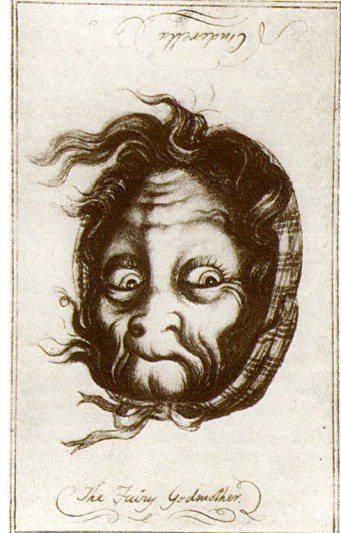

GUTE FEE ALS TANTE
Perraults „Feen-Patin" (oben eine umkehrbare Zeichnung von Rex Whistler; um. 1935) entspricht älteren, mündlich überlieferten Versionen, in denen der Geist der toten Mutter Aschenputtel hilft. In manchen dieser Märchen nimmt der Geist die Gestalt eines Fisches, einer Kuh oder eines Baums an.

DAUERRENNER
„Aschenputtel" wurde oft aufgeführt – als Theaterstück und als Ballett (Cendrillon; 1945) mit der Musik von Sergej Prokofjew aufgeführt. Berühmt ist der Walt-Disney-Film Cinderella (1950); das Foto oben ist aus Cinderellas silberner Schuh (1976).

Als Aschenputtel in die Kutsche einstieg, ermahnte die Patin sie: „Denke daran, den Ball vor Mitternacht zu verlassen. Denn Schlag zwölf endet der Zauber und alle verwandelten Dinge nehmen wieder ihre wahre Gestalt an!"

Auf dem Ball zog Aschenputtel alle Blicke auf sich; man nahm an, die schöne Unbekannte sei eine fremde Königstochter. Der Prinz tanzte den ganzen Abend nur mit ihr.

Um Viertel vor zwölf aber schlüpfte sie aus dem Ballsaal und lief zu ihrer Kutsche.

Am nächsten Tag erzählten die Stiefschwestern aufgeregt von dem Ball und von der fremden Prinzessin, die so unerwartet gekommen und so plötzlich verschwunden war. Wer konnte sie nur sein?

„Ich wünschte, ich hätte sie gesehen", sagte Aschenputtel. „Könntet ihr mir nicht wenigstens ein schlichtes Alltagskleid leihen, damit ich auch auf den Ball gehen kann?"

„Auf gar keinen Fall!", sagten die Schwestern. „Wir müssten uns wegen dir nur vor dem Prinzen schämen. Und was würde die fremde Prinzessin denken, wenn sie uns mit einem so schmuddeligen Geschöpf sehen würde?"

Auf dem Ball verlieben Aschenputtel und der Prinz sich ineinander.

Als die Stiefschwestern am Abend gegangen waren, verzauberte die Patin wieder den Kürbis, die Mäuse, die Ratte und die Eidechsen und schickte Aschenputtel in den Glasschuhen und einem noch viel herrlicherem Kleid auf den Ball. „Vergiss nicht, vor Mitternacht zu gehen", mahnte sie.

Aschenputtel und der Prinz tanzten wieder den ganzen Abend

ASCHENPUTTEL ~ Frankreich

zusammen. Sie unterhielten sich und lachten und er flüsterte ihr kleine Schmeicheleien ins Ohr. Dabei vergaß sie, an die Uhrzeit zu denken. Sie floh, als die Glocken begannen, zwölf zu schlagen. Der Prinz lief ihr hinterher, fand aber nur noch einen Glasschuh. Er fragte die Schlosswachen, aber die hatten keine Prinzessin gesehen, nur ein Bauernmädchen in Lumpen. Aschenputtel war inzwischen auf dem Heimweg – ohne Kutsche,

Die Uhr schlägt zwölf und Aschenputtel muss nach Hause.

Aschenputtel

Der Prinz findet Aschenputtels Glasschuh.

Der Prinz probiert Aschenputtel den Schuh an und er passt ihr. Stiefmutter und Stiefschwestern sind entsetzt.

ohne Kutscher, ohne Pferde, Diener und Ballkleid. Von all den schönen Dingen war ihr nur ein Glasschuh geblieben.

Der Prinz hatte sich unsterblich in die fremde Prinzessin verliebt. Er erklärte, dass er die Frau heiraten würde, deren Fuß in den Glasschuh passte. Er suchte in jedem Haus nach ihr. Schließlich kam er in das Haus, in dem Aschenputtel lebte. Die beiden Stiefschwestern versuchten vergeblich, ihre großen Füße in den Glasschuh zu zwängen.

„Lebt noch ein Mädchen im Haus?", fragte der Prinz. „Nein", antworteten die Schwestern. „Abgesehen von Aschenputtel, aber sie ist nur ein schmuddeliger kleiner Nichtsnutz."

„Trotzdem will ich, dass sie den Schuh probiert", sagte der Prinz.

Da wurde Aschenputtel aus der Asche geholt. Der Schuh passte ihr wie angegossen. Auch als sie in ihren staubigen Lumpen vor ihm stand, war sie für den Prinzen immer noch die schönste Frau der Welt.

So heirateten Aschenputtel und der Prinz und lebten glücklich bis an ihr Lebensende. Und weil Aschenputtel ein gutes Herz hatte, verzieh sie ihren Stiefschwestern und verheiratete sie mit Edelmännern.

GRIMMIGES ENDE

In der Grimm'schen Fassung von „Aschenputtel" schneiden sich beide Stiefschwestern ein Stück vom Fuß ab, damit er in den Schuh passt. Zwei Tauben warnen deshalb den Prinzen:

„Rucke di guh, rucke di guh,
Blut ist im Schuh,
der Schuh ist zu klein,
die rechte Braut sitzt noch daheim."

Auf der Hochzeit von Aschenputtel und dem Prinzen picken diese Tauben den bösen Stiefschwestern die Augen aus!

WAHRE LIEBE

Rapunzel

RAPUNZEL
In früheren Zeiten wurden die jungen Blätter und Wurzeln der Rapunzel-Glockenblume gegessen. Heute nennt man die saftige Blattrosette des Feldsalats Rapunzel oder Rapünzchen.

EIN MANN UND SEINE FRAU wünschten sich schon lange vergeblich ein Kind. Endlich aber war die Frau in guter Hoffnung. Eines Tages stand sie am Fenster und sah in den Garten ihrer Nachbarin hinunter, die eine Hexe war. Der Garten hatte zahlreiche Beete mit Blumen und Kräutern und war von einer hohen Mauer umgeben. Die Frau entdeckte darin Rapunzeln. Sie rief ihren Mann und sagte: „Wenn ich nicht einige von den Rapunzeln dort essen kann, sterbe ich."

Als es dunkel war, kletterte der Mann über die Gartenmauer, pflückte eine Hand voll Rapunzeln und brachte sie seiner Frau. Sie schmeckten ihr so gut, dass es sie nur noch stärker danach verlangte. Also kletterte ihr Mann ein zweites Mal in den Garten.

KRÄUTERGARTEN
Diese Buchillustration aus dem 14. Jh. zeigt einen Arzt beim Auswählen von Pflanzen in einem Kräutergarten. Im Mittelalter wurden Kräuter als Arzneimittel angesehen. Klöster, Apotheker, Ärzte – und sicher auch Zauberer und Hexen – legten Kräutergärten an und züchteten die Pflanzen mit großer Sorgfalt.

Die Hexe ertappt ihren Nachbarn, der aus ihrem Kräutergarten Rapunzeln stiehlt.

Doch die Hexe hatte schon auf ihn gewartet.
„Wie kannst du wagen, meine Rapunzeln zu stehlen?", zischte sie. „Dafür wirst du mit dem Leben bezahlen!"
„Hab Mitleid", bat der Mann. „Meine Frau erwartet ein Kind und sagt, sie muss sterben, wenn sie keine Rapunzeln essen kann!"
„Wenn das wahr ist", erwiderte die Hexe, „dann nimm so viel Rapunzeln mit, wie du willst. Aber mit einer Bedingung: Wenn das Kind da ist, musst du es mir geben." Aus Angst stimmte der Mann zu.

Rapunzel — Deutschland

Die Frau gebar ein Mädchen und die Hexe holte sich das Kind. „Ihr Name soll Rapunzel sein", sagte sie.

Rapunzel wuchs zum schönsten Kind unter der Sonne heran. Als sie zwölf Jahre alt war, brachte die Hexe sie in den Wald und schloss sie in einen Turm ein, der weder Treppen noch Türen hatte. Nur ganz oben war ein Fenster. Wenn die Hexe sie besuchen wollte, rief sie: „Rapunzel, Rapunzel, lass dein Haar herunter!" Rapunzel hatte sehr langes Haar, das so schön wie gesponnenes Gold war. Wenn sie die Hexe rufen hörte, löste sie ihre Zöpfe, wickelte ihr Haar um den Fensterhaken und ließ das Haar hinunter, sodass die Hexe hinaufklettern konnte.

Ein paar Jahre später ritt der Sohn des Königs zufällig durch den Wald. Als er am Turm vorbeikam, hörte er eine Stimme so lieblich singen, dass er sein Pferd anhielt und zuhörte. Der Prinz wollte unbedingt sehen, zu wem die Stimme gehörte. Aber der Turm hatte weder Tür noch Treppen und so ritt er nach Hause. Doch von nun an kam er jeden Tag, um dem schönen Gesang zu lauschen. Eines Tages stand er zufällig hinter einem Baum, als die Hexe erschien und rief: „Rapunzel, Rapunzel, lass dein Haar herunter!" Rapunzel löste ihre Zöpfe und die Hexe kletterte daran hinauf.

„So geht das also", dachte der Prinz. Am nächsten Tag ging er gegen Abend zum Turm und rief: „Rapunzel, Rapunzel, lass dein Haar herunter!"

Sie tat es und der Prinz kletterte zu ihr hinauf. Rapunzel hatte noch nie einen Mann gesehen, aber der Prinz sprach so freundlich zu ihr, dass sie bald keine Angst mehr vor ihm hatte. Er sagte ihr, dass ihm ihre Stimme so gut gefallen habe, dass er sie unbedingt sehen musste. Dann fragte er sie, ob sie seine Frau werden wolle. Sie sah, dass er jung und schön war, und dachte: „Er wird mich mehr lieben als meine alte Patin." So sagte sie Ja und legte ihre Hand

Die Hexe sperrt Rapunzel in einen hohen Turm.

Der Turm

Rapunzel muss für die Hexe ihr Haar hinunterlassen.

Der Prinz

Der Prinz sieht die Hexe an den langen Haaren hinaufklettern.

Der Prinz verliebt sich auf den ersten Blick in Rapunzel.

WAHRE LIEBE

Dunkle Wälder
Mehr als ein Viertel Deutschlands ist von Wald bedeckt. Seit Jahrhunderten bilden Wälder wie dieser in Nordostdeutschland stimmungsvolle Schauplätze für Sagen und Märchen. Der dichte Wald rings um ihren Turm schneidet Rapunzel von der Außenwelt ab. Sie kann erst glücklich werden, als sie ihn hinter sich lässt.

Jahrelang irrt der blinde Prinz umher, bis er Rapunzel in der Wüste findet.

in seine. „Bring jedes Mal, wenn du kommst, einen Strang Seide mit", bat sie ihn. „Ich werde daraus eine Leiter knüpfen. Wenn sie fertig ist, kann ich daran hinunterklettern und mit dir fortreiten."

Sie machten aus, dass er sie jeden Abend besuchen würde, denn die Hexe kam nur bei Tag. Sie schöpfte keinen Verdacht, bis Rapunzel sie eines Tages fragte, warum ihr ihre Kleider nicht mehr passten. Sie wusste nicht, dass sie in anderen Umständen war. „Du böses Kind!", rief die Hexe. „Ich dachte, ich hätte dich von der Welt abgeschirmt und doch hast du mich betrogen!" In ihrer Wut schnitt sie Rapunzel das Haar ab. Dann brachte sie die junge Frau in eine Wüste.

Als der Prinz an diesem Abend zum Turm kam und rief: „Rapunzel, lass dein Haar herunter", war es die Hexe, die das abgeschnittene Haar herunterließ. Der Prinz kletterte nichts ahnend hinauf.

Die Hexe schneidet Rapunzel das Haar ab.

„Aha!", höhnte die Hexe. „Der Vogel sitzt nicht mehr im Nest und singt nicht mehr; die Katze hat ihn geholt. Und dir kratzt sie die Augen aus! Du wirst Rapunzel nie wieder sehen!" Außer sich vor Verzweiflung sprang der Prinz vom Turm. Er überlebte, doch die Dornenhecke, in der er landete, zerstach ihm die Augen. Blind und weinend irrte er durch den Wald. Jahrelang wanderte er umher, bis er eines Tages in eine Wüste kam. Hier lebte Rapunzel mit den Zwillingen, die sie geboren hatte. Er hörte eine liebliche Stimme singen und ging darauf zu; Rapunzel erkannte ihn. Zwei ihrer Tränen fielen in seine Augen und er konnte wieder sehen. Der Prinz kehrte mit Rapunzel und den Kindern in sein Reich zurück. Sie wurden mit Freude empfangen und lebten noch lange glücklich zusammen.

Rapunzels Kinder

Die Tür des Herzens ❦ Finnland

Die Tür des Herzens

ZAUBERSCHLOSS
Obwohl es aus Stein gebaut ist und nicht aus Kupfer wie das Schloss in unserem Märchen, macht die Seenlandschaft ringsherum Olavinlinna zu einem der eindrucksvollsten Schlösser Finnlands. Es liegt in Savonlinna, im Osten des Landes, und wurde 1475 erbaut.

Severi betritt eine verzauberte Welt.

ES WAR EINMAL ein junger Mann namens Severi, der auszog, um sein Glück zu suchen. Er wanderte über Berge und Wiesen und durch dichte Wälder, bis er endlich das Meer erreichte. Am Strand entdeckte er ein kleines Ruderboot. Severi stieg ins Boot und wollte über den Ozean rudern. Das Boot wurde von Stürmen geschüttelt und vom Regen gepeitscht; schließlich spülte eine große Welle Severi von Bord. Aber er verlor nicht den Mut. Er schwamm Tag und Nacht, bis er einen weißen Sandstrand am Fuße einer schwarzen Klippe erreichte. Von der Klippe hing ein Seil herunter und Severi kletterte daran hinauf.

Oben folgte er einem Pfad, der in das Herz des Felsens führte. Er kam an eine Tür, die sich vor ihm öffnete. Severi trat ein und fand sich in einer verzauberten Welt grüner Wiesen und schöner Blumen wieder; die Obstbäume trugen hier goldene Früchte.

Dort traf Severi einen alten Mann mit langem weißem Haar, der ihn fragte, wer er sei und wohin er wolle. „Mein Name ist Severi", antwortete er, „und ich weiß nicht, wohin ich gehe."

„Dann bleibe hier", sagte der alte Mann „und sei mein Diener."

So ging Severi mit dem alten Mann in dessen Kupferschloss.

Am nächsten Morgen sagte der alte Mann, er müsse zu einer langen Reise aufbrechen. „Hier sind die Schlüssel zum Schloss", sagte er. „Es sind vierundzwanzig Schlüssel für vierundzwanzig Räume. Du kannst dir alle Räume ansehen, außer dem letzten. Wenn du ihn betrittst, dann auf eigene Gefahr." Severi sah sich die dreiundzwanzig Räume an. Einer war ganz aus Gold, der nächste aus Silber, der dritte aus schwarzem Ebenholz und der vierte aus poliertem Marmor. Doch irgendwann hatte er alle gesehen und war traurig. Jetzt sind meine Abenteuer vorbei, dachte er, hier gibt es nichts mehr zu sehen.

Als er aber am nächsten Morgen erwachte, stellte Severi fest, dass er den Schlüssel zum vierundzwanzigsten Zimmer in der Hand hielt. Das ist ein Zeichen, dachte er. Ich werde die Gefahr auf mich nehmen.

WAHRE LIEBE

Severi sieht Vappu, das liebenswerteste Mädchen der Welt, auf einem goldenen Thron sitzen.

Er öffnete die letzte Tür und sah in der Mitte des Raums einen hohen Thron. Darauf saß das liebenswerteste Mädchen der Welt. „Wer bist du?", fragte Severi.

„Ich heiße Vappu", sagte das Mädchen, „und ich habe die längste Zeit auf dich gewartet." Ihre Stimme war so lieblich wie Harfenmusik.

Severi und Vappu lebten einen ganzen Monat lang glücklich in dem Kupferschloss. Sie setzten sich an den silbernen Bach und aßen sich sorglos an den goldenen Früchten aus dem Garten des alten Mannes satt. Eines Tages aber schliefen sie Seite an Seite am Bach ein, und als Severi erwachte, war Vappu verschwunden.

Severi rief viele Male nach ihr. Aber die einzige Antwort war das Zwitschern der Vögel in den Bäumen.

Bei seiner Rückkehr fand der alte Mann einen sehr unglücklichen Severi vor. „Ich habe dich vor der Tür gewarnt", sagte er.

GOLDENE TAGE
In Finnland ist der Sommer kurz, aber etwa vier Wochen lang geht die Sonne nicht unter. Dann wird die Landschaft tatsächlich zu einem goldenen Paradies – wie in unserem Märchen. Wenn der Winter zurückkehrt, ist es, als würde eine Tür sich schließen.

Vappu verschwindet, aber der Zauberspruch des alten Mannes bringt sie wieder zurück. Damit sie bei ihm bleibt, muss Severi sich erst einmal vor ihr verstecken.

„Ich bin alt genug, um meine Entscheidungen selbst zu treffen", erwiderte Severi.

„Und bist du nun, da du sie getroffen hast, weiser geworden?"

„Mein Kummer hat mich älter werden lassen", sagte Severi, „und auch weiser." Da murmelte der alte Mann einen Zauberspruch und Vappu war wieder da, heiter wie ein Sonnenstrahl.

„Verlass mich nie wieder!", bat Severi.

Die Tür des Herzens • Finnland

„Das werde ich nicht", sagte Vappu, „wenn es dir gelingt, dich so zu verstecken, dass ich dich nicht mehr finde. Du hast drei Versuche."

Severi fürchtete, dass es ihm nicht gelingen würde, die kluge Vappu zu täuschen. Aber der alte Mann flüsterte ihm einen Zauberspruch zu, der ihm helfen würde.

Das erste Mal versteckte sich Severi bei den Wildkaninchen; doch Vappu spürte ihn auf. Dann versuchte Severi sich unter den wilden Bären zu verstecken, doch Vappu fand ihn dort ebenfalls.

Zuletzt beschloss Severi, sich in Vappus Herz zu verstecken. Er sagte:
„Dreimal klopfe ich an deine Tür, liebes Herz.
Lass mich ein, kostbares Herz, lass mich ein."

Vappu sah überall nach. Seltsam, dachte sie, gerade eben stand Severi noch neben mir und jetzt ist er weg.

Da rief Severi ihr zu: „Kannst du mich nicht finden, mein Schatz?"
„Nein, kann ich nicht", antwortete Vappu. „Wo bist du?"
„Ich bin hier in deinem Herzen", antwortete Severi.

AM FEUER ERZÄHLT
In Finnland wurden Märchen traditionell in einer Tupa, einer Bauernkate, am Feuer erzählt. Dieses Märchen mit seinen schönen Bildern heiterte die Zuhörer in langen Winternächten sicherlich auf.

Er versteckt sich unter Kaninchen und unter Bären. Jedes Mal findet Vappu ihn.

„Dann gehört mein Herz dir", sagte Vappu.
Severi kletterte wieder aus ihrem Herz heraus und die beiden umarmten sich. Sie lebten glücklich bis an ihr seliges Ende im Kupferschloss am Silberbach unter den goldenen Bäumen.

Dann findet er das vollkommene Versteck – in ihrem Herzen.

WAHRE LIEBE

Der Mann von Wastness

INSEL DER SELKIES
Auf den Orkney- und Shetlandinseln gibt es viele Robben – und viele Geschichten über Selkies. Wastness ist vermutlich das heutige Westness auf der Orkney-Insel Rousay. Ein ähnliches irisches Märchen erzählt von einem Mann, der eine schöne grünhaarige Meeresfee fängt, indem er ihre magische Tauchkappe versteckt.

MEERJUNGFRAU
Meerjungfrauen (oben) sehen ähnlich wie Selkies aus. Ihr Gesang wirkt unwiderstehlich anziehend. Den Berichten einsamer Seeleute zufolge haben sie den Kopf und den Oberkörper einer Frau und einen Fischschwanz.

IN WASTNESS LEBTE EINST ein sehr begehrter Junggeselle. Alle Mädchen der Orkneys versuchten ihn sich zu angeln – aber vergeblich. „Ich bin alleine glücklich genug", sagte er.

Eines Tages ging er am Meer spazieren. Dort sah er eine Gruppe Selkies. Das sind Meerwesen, die Robbenhäute tragen. Sie hatten ihre Häute in die warme Sonne gelegt, waren vergnügt und sprangen nackt von den Felsen aus ins Wasser. Obwohl das Wasser an dieser Stelle auf der Meeresseite tief war, bildete es zur Küste hin nur eine seichte Lache. Der Mann ging leise hindurch und nahm sich eine der Häute.

Die Selkies ergriffen schnell ihre Häute und flohen. Sie schwammen ein Stück ins Meer hinaus. Dann drehten sie sich um und starrten den Mann an, der es gewagt hatte, ihnen etwas zu stehlen. Jeder Kopf war ein Robbenkopf – außer einem.

Der Mann ging fort; doch er war noch nicht weit gegangen, als er hinter sich eine junge Frau schluchzen hörte.

Der Mann nimmt die Robbenhaut der Selkie an sich und zwingt sie so, ihm zu folgen.

Es war die Selkie, deren Haut er gestohlen hatte. „Mensch, wenn auch nur ein Funken Mitleid in dir ist, dann gib mir meine Haut zurück!", flehte sie. „Ohne sie kann ich im Meer unmöglich leben. Ohne Robbenhaut kann ich nicht mit meinen Leuten leben. Hab Erbarmen mit mir, so wie du selbst auf Erbarmen hoffst." Nun hatte der Mann tatsächlich Mitleid mit der jungen Frau; gleichzeitig hatte er sich aber auch in sie verliebt. Von den beiden Gefühlen war die Liebe stärker und er behielt die Haut. Er redete und stritt und schmeichelte, bis die Selkie bereit war, ihn zu heiraten und an Land zu leben.

Der Mann von Wastness · Schottland

So heirateten sie und im Laufe der Jahre schenkte die Selkie ihrem Mann sieben Kinder, vier Jungen und drei Mädchen. Ihr Lachen perlte wie die Meeresgischt, und wer sie sah, hielt sie für eine glückliche Frau. Wenn sie aber unbeobachtet war, starrte sie aufs Meer hinaus; und sie lehrte ihre Kinder traurige Lieder, die noch kein Mensch zuvor vernommen hatte.

Eines Tages nahm ihr Mann seine drei ältesten Söhne zum Fischen mit und die Frau schickte die übrigen Kinder zum Schneckensuchen an den Strand. Nur das jüngste Mädchen blieb zu Hause, weil es sich am Fuß verletzt hatte. Wie jedes Mal, wenn sie alleine war, durchsuchte die Frau das Haus, aber sie konnte die Robbenhaut nicht finden.

„Was suchst du?", fragte ihre Jüngste.

„Ein Fell, um es um deinen wehen Fuß zu wickeln."

„Ich weiß, wo eines ist", sagte das Mädchen. „Ich habe mal gesehen, wie Vater es aus dem Spalt zwischen Dach und Wand geholt hat. Er hat es angesehen und dann wieder zurückgelegt."

Die Frau stürzte zu der Stelle und zog ihre Robbenhaut heraus. „Leb wohl, mein Kleines!", weinte sie. „Leb wohl, mein Schatz!" Sie rannte zum Strand, zog ihre Robbenhaut an und tauchte ins Wasser.

Der Mann fuhr mit seinem Fischerboot nach Hause, als eine Robbe an ihm vorbeischwamm. Es war seine Frau. Sie nahm die Haut vom Gesicht und sang:

„Mann von Wastness, lebe wohl!
Ich mochte dich gern, du warst gut zu mir.
Doch inniger liebe ich meinen Mann im Meer!"

Er sah seine schöne Robbenfrau niemals wieder.

Der Mann heiratet die Selkie und im Laufe der Jahre bekommen sie sieben Kinder.

Das jüngste Kind verrät, wo der Vater die Robbenhaut versteckt hat.

Die Selkie legt ihre Haut an, verlässt Mann und Kinder und kehrt ins Meer zurück.

WAHRE LIEBE

Der Schlangenprinz

GRÜNES FEUER
Die Halskette aus dem Märchen könnte so ähnlich ausgesehen haben wie diese: Sie ist mit Smaragden und Goldemail verziert. Jeder der *satratana* genannten Anhänger stellt einen Planeten nach der indischen Astrologie dar.

IN EINER STADT in Indien lebte einst eine arme alte Frau, die außer einem bisschen Mehl nichts zu essen hatte. Weil sie das Mehl zu einem Brotteig anrühren wollte und dazu Wasser brauchte, ging sie mit ihrem Wassertopf zum Fluss hinunter.

Sie stellte den Topf am Ufer ab und nahm ein Bad. Als sie etwas später zurückkam und in den Topf sah, erblickte sie darin den aufgerollten Körper und die züngelnde Zunge einer giftigen Schlange!

Sie dachte sich: Es ist besser, an einem Schlangenbiss zu sterben, als vor Hunger. Ich nehme dich nach Hause mit und schüttle dich aus dem Topf. Dann werden all meine Sorgen bald ein Ende finden.

Als sie jedoch zu Hause den Topf auskippen wollte, fiel eine herrliche Halskette heraus. Die alte Frau brachte die Halskette dem Radscha. Er belohnte sie dafür so großzügig, dass ihre Armut ein Ende hatte.

Bald darauf wurde der Radscha von einem benachbarten Radscha zur Feier der Geburt von dessen Tochter eingeladen.

Der Radscha sagte zu seiner Frau, der Rani: „Zu dem Fest kannst du endlich die schöne Kette tragen."

Die Rani ging zu ihrer Schmucktruhe, um die Kette zu holen; als sie aber den Deckel hob, fand sie statt ihrer Kette in der Truhe einen hübschen kleinen Jungen. Die Rani, die keine eigenen Kinder hatte, drückte ihn an sich und rief aus: „Du bist mir kostbarer als jede Halskette."

Die alte Frau

Nach dem Bad im Fluss findet die alte Frau in ihrem Messingtopf eine Schlange.

Sie bringt die Kette zum Radscha und wird belohnt

Die Halskette wird zu einem kleinen Jungen. Der Radscha nimmt ihn als Sohn an.

Der Schlangenprinz — Indien

Der Radscha ließ seinem Nachbarn mitteilen, er könne nicht zum Fest kommen, weil er selbst die Geburt eines Sohnes feiern müsse.

Später wurde ausgemacht, dass die beiden Kinder eines Tages heiraten sollten. Als sie alt genug waren, wurde eine ausgelassene Hochzeit gefeiert. Allerdings hatten die Eltern der Prinzessin gehört, der Prinz sei auf ungewöhnliche Weise zur Welt gekommen. Sie rieten ihrer Tochter, nach der Hochzeit kein Wort mehr mit ihrem Mann zu sprechen. „Wenn er dich fragt, was du hast", sagte die Mutter, „dann erzähle ihm, dass du erst reden wirst, wenn er dir das Geheimnis seiner Geburt verraten hat."

Nach der Hochzeit bat der Prinz seine Frau, mit ihm zu reden. „Verrate mir das Geheimnis deiner Geburt", sagte sie. Er erwiderte: „Wenn ich es tue, wirst du es bis ans Ende deines Lebens bereuen."

So verbrachten sie die Tage in drückendem Schweigen. Das Geheimnis des Prinzen hatte sich zwischen Mann und Frau geschoben wie eine Wolke zwischen Sonne und Erde. Schließlich ertrug es der Prinz nicht länger. „Um Mitternacht werde ich dir deinen Wunsch erfüllen", sagte er. „Aber du wirst es bereuen." Seine Frau beachtete seine Warnung nicht. Um Mitternacht ritten sie zum Fluss, dorthin, wo die alte Frau mit ihrem Messingtopf gegangen war. Der Prinz fragte: „Bestehst du immer noch darauf, mein Geheimnis zu erfahren?"

„Ja!", antwortete seine Frau.

„Dann wisse", sagte der Prinz, „dass ich der Sohn des Königs eines fernen Landes bin, der durch einen Zauber verwandelt wurde in eine Schl..."

GROSSER KÖNIG
Auf dem indischen Subkontinent herrschten einst Radschas, wie der Maharadscha (Hindi für „Großer König") von Lahore (oben). Die Gattin eines Radschas trug den Titel „Rani".

Der Prinz heiratet eine Prinzessin. Sie weigert sich zu sprechen, bis er ihr das Geheimnis seiner Geburt verrät.

Zuletzt gibt er nach – und wird zu einer Schlange. Sie bleibt weinend am Fluss zurück.

WAHRE LIEBE

UNTEN AM FLUSS
Diese Ansicht des Flusses Yamuna mit dem Tadsch Mahal im Hintergrund beschwört die Atmosphäre dieses Märchens herauf.

Bevor der Prinz das schicksalhafte Wort noch zu Ende sprechen konnte, hatte er sich schon in eine Schlange verwandelt und glitt in den Fluss. Die Prinzessin sah im Mondlicht, wie sich das Wasser dort kräuselte, wo die Schlange schwamm. Nun war sie ganz alleine. Die Prinzessin weinte und zerriss ihre Kleider. Sie befahl ihren Dienern, ihr am Fluss ein kleines Haus aus schwarzem Stein zu bauen. Darin wohnte sie und trauerte um ihren Gatten.

Einige Zeit verging. Eines Tages entdeckte die Prinzessin auf dem Teppich ihres Schlafzimmers Schlammspuren. Sie rief ihre Wachen; diese schworen, niemand sei hereingekommen. In der folgenden Nacht passierte das Gleiche. In der dritten Nacht war die Prinzessin entschlossen, nicht einzuschlafen. Sie nahm ein Messer, schnitt sich in die Hand und rieb Salz in die Wunde, damit die Schmerzen sie wach hielten. Um Mitternacht glitt eine Schlange in ihr Zimmer. Sie kroch zu ihrem Bett, hob den flachen Kopf und starrte sie an.

„Wer bist du? Was willst du?", flüsterte die Prinzessin.

Die Schlange antwortete: „Ich bin dein Mann."

Die Prinzessin weinte.

In ihrem Haus aus schwarzem Stein trauert die Prinzessin um den Prinzen.

VON DER GRENZE
Diese Geschichte kommt aus Firozpûr, auf der indischen Seite der Grenze mit Pakistan.

Wegen der Schmerzen in ihrer Hand ist die Prinzessin wach, als ihr Mann in Schlangengestalt um Mitternacht zu ihrem Bett kriecht.

Die Schlange fuhr fort: „Habe ich dir nicht gesagt, dass du bereuen würdest, mein Geheimnis erfahren zu haben?"

„Ich bereue es", sagte sie. „Ich bereue es jeden Tag. Wenn ich doch nur etwas tun könnte, damit alles wieder so wird wie zuvor!"

DER SCHLANGENPRINZ Indien

„Das kannst du", sagte die Schlange, „aber es ist sehr gefährlich. Stelle morgen Nacht in jede Ecke dieses Raumes eine große Schale gezuckerter Milch. Alle Schlangen aus dem Fluss werden kommen, um sie zu trinken, und die Schlangenkönigin wird sie anführen. Du musst dich ihr an der Tür entgegenstellen und sagen: ‚Schlangenkönigin, gib mir meinen Prinz wieder!' Wenn du keine Angst zeigst, gewinnst du meine Freiheit zurück. Zuckst du aber auch nur, dann siehst du mich niemals wieder." In der nächsten Nacht stellte die Prinzessin die Schüsseln mit süßer Milch auf. Um Mitternacht hörte sie vom Fluss her ein lautes Zischen und bald wimmelte das ganze Ufer nur so vor Schlangen. Sie wurden von einer großen Kobra mit schimmernden Schuppen angeführt.

Die Wachen

SCHLANGENGÖTTER
In der Kultur der Hindus spielen Schlangen eine wichtige Rolle als Symbole der Fruchtbarkeit. *Nagas* genannte Halbgötter (oben eine Bronzefigur aus dem 12. Jh.), die teils Mensch, teils Schlange sind, bewohnen in der Unterwelt prunkvolle Paläste. Sie werden mit Wasser in Verbindung gebracht, besonders mit Brunnen, Flüssen, Seen.

Die Prinzessin zeigt keine Angst vor den Schlangen.

Angeführt von ihrer Königin kriechen die Schlangen aus dem Fluss.

Die Wachen der Prinzessin rannten entsetzt davon. Sie aber stand in der Tür und befahl: „Schlangenkönigin, gib mir meinen Prinz wieder." Die Schlangen wanden sich raschelnd und es war, als ob sie „Prinzzz! Prinzzz!" zischten. Die Schlangenkönigin wiegte ihren Kopf vor und zurück und starrte die Prinzessin böse an.

Doch diese zeigte keine Angst. „Schlangenkönigin, gib mir meinen Prinz wieder", sagte sie noch einmal.

„Morgen!", zischte die Schlangenkönigin. „Morgen!"

Die Prinzessin trat beiseite und die Schlangen drangen wie eine Flut in das Zimmer ein und machten sich gierig über die Milch her.

Am nächsten Morgen zog die Prinzessin ihren schönsten Sari an und schmückte das Haus mit Blumen. Um Mitternacht kam der Prinz. Von nun an hatten sie keine Geheimnisse mehr voreinander.

FENSTERPLATZ
Ebenso wie die Prinzessin am Ende dieses Märchens ist auch diese Frau mit ihrem „allerschönsten Sari" bekleidet. Sie sitzt in einem Fenster des Jaisalamer Palasts in Rajasthan (Indien).

WAHRE LIEBE

Sternenjunge

LAGERFEUER-GESCHICHTE
Dieses Märchen wird besonders häufig bei den Cheyenne erzählt, die mit ihren Zelten aus Bisonhaut (oben) einst über die nordamerikanischen Ebenen zogen.

DEN BAUM HINAUF
In diesem Märchen nimmt Hellster Stern die Gestalt eines Stachelschweins an, um Erstes Mädchen in den Himmel hinaufzulocken. Nordamerikanische Stachelschweine klettern gerne auf Bäume. Ihr Fleisch ist essbar; vielleicht folgt Erstes Mädchen deshalb dem Tier auf den Baum.

IN EINER SOMMERNACHT lagen einmal zwei Mädchen draußen vor den Tipis und betrachteten die Sterne. „Sieh dir den an!", sagte Erstes Mädchen. „Er ist der Hellste von allen. Ich würde diesen Stern gerne heiraten."

Am nächsten Tag entdeckten die Mädchen beim Holzsammeln ein Stachelschwein auf einer Kiefer. „Ich fange es", sagte Erstes Mädchen und kletterte auf den Baum. Das Tier kletterte höher und höher, und Erstes Mädchen kletterte ihm nach. „Komm runter! Komm wieder runter", rief Zweites Mädchen, aber Erstes Mädchen hörte sie schon nicht mehr.

Die Kiefer war so hoch, dass sie bis in die Himmelswelt hinaufreichte. Als Erstes Mädchen merkte, wie hoch sie geklettert war, begann sie zu weinen. Da sagte eine Stimme: „Weine nicht. Ich bin Hellster Stern und ich würde dich gerne heiraten." So heirateten Erstes Mädchen und Hellster Stern. Hellster Stern sagte, dass sie in der Himmelswelt tun konnte, was sie wollte. Wenn sie jedoch die Weißen Rüben ausgrub, die dort wuchsen, würde etwas Schlimmes geschehen. Sie lebten glücklich zusammen und hatten bald ein Kind. Aber die Weißen Rüben hatten Erstes Mädchen neugierig gemacht und eines Tages grub sie eine aus. Auf diese Weise entstand in der Himmelswelt ein Loch, durch das sie nach unten auf die Erde sehen konnte. Weil sie ihre Leute so gerne einmal wieder treffen wollte, flocht sie sich aus Gras ein langes Seil.

Oben trifft sie Hellsten Stern.

Sie klettert einem Stachelschwein nach.

Erstes Mädchen will den hellsten Stern heiraten.

STERNENJUNGE — Indianer

Erstes Mädchen möchte ihre Leute auf der Erde besuchen.

Sie klettert mit ihrem Kind hinunter, aber das Seil ist zu kurz und sie stürzt.

Der Junge kann bald so schnell laufen wie Lerchen fliegen.

Eine Lerche rettet das Baby.

Erstes Mädchen nahm ihr Kind und kletterte an dem Seil hinunter. Als Erstes Mädchen aber ans Ende des Seils kam, war die Erde immer noch weit weg. Sie klammerte sich verzweifelt am Seil fest, aber schließlich hatte sie keine Kraft mehr und stürzte ab.

Sie starb, aber ihr Kind war aus Sterngestein und überlebte. Eine Lerche trug das Baby zu ihrem Nest und zog es zusammen mit ihrer Brut auf. Sie nannte ihn Sternenjunge.

Der Junge wuchs rasch heran und konnte bald so schnell laufen, dass er mit den fliegenden Vögeln mithalten konnte. Doch die Lerche war traurig, dass er keine Flügel hatte. Dann kam der Winter und es wurde für die Lerchen Zeit, in den Süden zu fliegen. Die Lerche wusste, dass Sternenjunge den weiten Weg dorthin nicht zu Fuß gehen konnte.

„Mache mir einen Bogen und Pfeile und ich werde für mich selbst sorgen", sagte Sternenjunge. Mit dem Bogen und den Pfeilen der Lerche wanderte er einen Fluss entlang und kam so zu den Zelten der Leute seiner Mutter. Er sprach eine alte Frau an: „Großmutter, ich habe Durst."

„Ich kann dir kein Wasser geben", erwiderte sie. „Im Fluss lebt ein Ungeheuer, das alle verschlingt, die ihm zu nahe kommen!"

Aber Sternenjunge war so durstig, dass er sich ihren Eimer aus Bisonhaut und ihren Schöpfer aus Bisonhorn auslieh und zum Fluss ging. Kaum hatte er den Schöpfer eingetaucht, als ein

SCHARFSCHÜTZEN Pfeile und Bogen waren die wichtigsten Waffen der Cheyenne-Krieger. Die Pfeilspitzen waren aus Bisonknochen. Der mit gefärbten Stachelschweinborsten bestickte Köcher enthielt rund 20 Pfeile. Der nur etwa 1 m lange Bogen aus Hartholz mit einer gedrehten Bisonsehne konnte auch vom Pferd aus abgeschossen werden.

Das Flussungeheuer verschlingt ihn.

WAHRE LIEBE

BISONJAGD
Die Cheyenne gewannen von den Bisons (oben), die einst in riesigen Herden über die Ebenen zogen, Nahrung, Werkzeug und Felle. Bevor die Cheyenne Pferde hatten, pirschten die Jäger sich in Tierverkleidung an die Herde heran – so wie Sternenjunge es in dieser Geschichte tut.

Als Bison verkleidet fängt Sternenjunge die weiße Krähe.

Die schnellen Läufer

riesiges Ungeheuer auftauchte, sein gewaltiges Maul aufriss und ihn verschlang.

Im Bauch des Ungeheuers traf Sternenjunge all die Leute, die es mit Haut und Haar hinuntergeschluckt hatte.

Sternenjunges Mutter war eine Cheyenne gewesen; aber sein Vater war ein Stern und er war aus Sternengestein. Er schlug ein Loch in die Flanke des Ungeheuers und tötete es. Die Leute kletterten heraus und Sternenjunge begleitete sie zu ihren Zelten zurück. Dann ging Sternenjunge wieder zu der alten Frau und sagte: „Großmutter, ich habe Hunger." Sie erwiderte: „Ich kann dir nichts zu essen geben. Immer wenn die Männer auf die Jagd gehen, warnt eine weiße Krähe die Bisons."

Sternenjunge schlägt ein Loch in die Flanke des Ungeheuers.

„Mach dir deswegen keine Sorgen", sagte Sternenjunge. „Bring mir eine Bisonhaut und zwei schnelle Läufer."

Zu den Läufern sagte er: „Ihr müsst zum Schein auf mich schießen." Sternenjunge legte sich die Bisonhaut um und ging zu der Herde. Als sich die beiden Läufer näherten, flog die weiße Krähe auf und rief: „Lauft! Jäger kommen." Die Herde rannte fort und Sternenjunge folgte ihnen. Die Läufer schossen ihre Pfeile ab und Sternenjunge ließ sich fallen, so als sei er tot. Die weiße Krähe kreiste über ihm und rief: „Warum warst du so langsam?" Die Krähe kreiste immer dichter über ihm, bis Sternenjunge sie an den Beinen packen konnte. Er brachte die Krähe zu den Zelten und schenkte sie dem Häuptling, der verkündete: „Ich werde diesen Vogel in mein Tipi bringen, ihn in den Rauchabzug hängen und ihn zu Tode räuchern."

Von diesem Tag an konnten die Cheyenne so viele Bisons töten, wie sie brauchten, um nie wieder Hunger leiden zu müssen.

Die Leute waren so dankbar, dass sie Sternenjunge ein gutes Tipi schenkten und ihm das schönste Mädchen zur Frau gaben. Und jede Nacht leuchtete sein Vater Hellster Stern am Himmel und schenkte ihnen sein Licht.

Die Schneefrau — Japan

Die Schneefrau

VOR LANGER ZEIT lebte ein junger Mann, der nie ein Mädchen gefunden hatte, das er gerne geheiratet hätte. Als in einer Winternacht einmal ein wütender Schneesturm tobte, hörte er es an der Tür klopfen. Er öffnete die Tür und sah draußen eine junge Frau am Boden liegen. Er brachte sie ins Haus und sie kam bald wieder zu sich; ihr Gesicht aber blieb so bleich wie Schnee. Sie war sehr schön und er bat sie, seine Frau zu werden.

Sie lebten den ganzen Winter über glücklich zusammen. Doch als das Ende des Winters nahte und das Wetter wärmer wurde, schien die junge Frau ihre Kräfte zu verlieren. Sie wurde täglich dünner und schwächer. Der Mann dachte, dass seiner Frau vielleicht Gesellschaft fehlte und lud ein paar Freunde ein. Sie feierten zusammen den Frühlingsbeginn. Mitten im Fest, als die Gäste aßen und tranken, rief der Mann nach seiner Frau. Weil sie nicht antwortete, ging er in die Küche, um nach ihr zu sehen.

Doch er fand sie nirgends, nur ihren Kimono, der vor dem Ofen in einer Wasserlache lag.

Der Mann trägt das Mädchen ins Haus.

SCHNEELAND
Die Geschichte der Schneefrau ist in ganz Japan sehr beliebt, besonders aber im Westen des Landes. Hier fallen manchmal drei Meter Schnee, die bis zu sechs Monate lang liegen bleiben.

SEIDEN-KIMONO
Im Frühling schmilzt die Schneefrau; nur ihr schöner Kimono bleibt zurück. Vermutlich war dieses traditionelle Gewand, wie das hier oben, aus bestickter Seide.

Zu seiner Bestürzung findet er nur ihren Kimono und eine Wasserlache.

WAHRE LIEBE

Der schlafende Prinz

Ein Adler bringt die Prinzessin weit weg – zu einem Palast auf dem Grund eines Brunnens.

GROSSE VÖGEL
In Märchen sind Adler häufig sehr mächtige Vögel – ebenso wie die Vögel Rock in dieser Illustration der *Märchen aus 1001 Nacht* von J. D. Batten (1895).

EIN KÖNIG HATTE EINE TOCHTER; sie war die Freude seines Herzens. Als er in den Krieg ziehen musste, fragte er sich, was aus ihr werden sollte. „Gehe in Frieden und kehre in Frieden zurück", sagte sie. „Ich werde warten." Jeden Tag saß sie nun am Fenster, wartete auf die Rückkehr ihres Vaters und stickte an einem Taschentuch, das sie ihm schenken wollte. Eines Tages flog ein goldener Adler über den Himmel und rief: „Sticke nur, sticke nur; eines Tages heiratest du einen toten Mann."

„Was soll das heißen?", fragte die Prinzessin. „Klettere auf meinen Rücken und du wirst es sehen", antwortete der Adler. Er brachte sie weit weg zu einem Hof, in dem ein Brunnen stand. Auf dem Grund des Brunnens sah die Prinzessin einen Palast. Darin fand sie einen Prinzen, der wie tot dalag. Auf einem Zettel stand: „Wenn du Mitleid mit mir hast, dann wache drei Monate, drei Wochen, drei Stunden und drei Minuten über mich. Wenn ich niese, dann sage: ‚Gesundheit, mein Prinz, und ewiges Leben.' Dann werde ich aufwachen und mich mit dir vermählen." Die Prinzessin blieb drei Monate und drei Wochen bei dem Prinzen sitzen. Das Essen wurde ihr gebracht, aber sie sah nie jemanden. Da hörte sie eines Tages ein Mädchen oben neben dem Brunnen rufen: „Zofe sucht Arbeit!", und rief zurück: „Schau in den Brunnen hinunter!" Die Zofe sah hübsch und freundlich aus und die Prinzessin stellte sie ein. Sie erzählte ihr alles über den schlafenden Prinzen. Die Zofe sagte: „Schlaft auch ein wenig. Ich werde aufpassen und Euch wecken, wenn der Prinz niest." Kaum war die Prinzessin eingeschlafen, da nieste der Prinz. Blitzschnell sagte die Zofe: „Gesundheit, mein Prinz, und ewiges Leben."

Die Zofe

Monatelang wacht die Prinzessin bei dem Prinzen – bis eine Dienstmagd Arbeit sucht.

DER SCHLAFENDE PRINZ ~ Griechenland

Der Prinz wachte auf und küsste die Zofe. „Du hast mich aus meiner Verzauberung erlöst", sagte er. „Du sollst meine Braut sein." Dann erst bemerkte er die Prinzessin, die auf dem Fußboden lag und schlief.

„Das ist meine Zofe", sagte die Zofe.

„Lass sie schlafen", sagte der Prinz. „und schick sie dann Gänse hüten." Als die Prinzessin erwachte, erzählte ihr die Zofe: „Der Prinz ist aufgewacht und hat gesagt, dass er mich will und nicht Euch. Ihr sollt die Gänse hüten." Die Prinzessin wusste nicht, was sie tun sollte.

Der Prinz fragte die Zofe, was er ihr schenken könnte. „Eine Krone mit Diamanten", antwortete sie. Er fragte die Gänsemagd, was sie wollte. Sie antwortete: „Den Mühlstein der Geduld, den Henkerstrick und das Messer des Metzgers." Er schenkte jedem Mädchen, was es sich gewünscht hatte. In der Nacht hörte der Prinz ein Gemurmel. Es kam aus dem Zimmer der Magd.

Sobald die Prinzessin eingeschlafen ist, niest der Prinz und sieht die Zofe.

Die Prinzessin muss Gänse hüten.

Die Prinzessin
Die Zofe
Krone
Der Prinz
Mühlstein
Messer
Seil

Die Prinzessin erzählte dem Mühlstein ihre Sorgen. Sie fragte: „Mühlstein, was soll ich tun?" Der Mühlstein antwortete: „Hab Geduld!" Dann fragte sie das Messer: „Messer, was soll ich tun?" Das Messer antwortete: „Ersich dich!" Zuletzt fragte sie das Seil: „Seil, was soll ich tun?" Das Seil antwortete: „Häng dich auf!"

Da stürzte der Prinz herein. „Tu es nicht!", rief er. „Du bist meine richtige Braut und das andere Mädchen ist eine Lügnerin. Sie ist es, die hängen sollte!"

„Nein", sagte die Prinzessin. „Lass sie gehen, auch wenn sie mir schaden wollte. Bring mich zu meinem Vater und heirate mich."

Der Prinz kommt gerade noch rechtzeitig, um die liebeskranke Prinzessin daran zu hindern, sich umzubringen.

GUTE NACHT, PRINZ! Die Geschichte vom schlafenden Prinzen ist in Griechenland sehr beliebt und wird auch in Italien und Armenien erzählt.

WAHRE LIEBE

Iwan und der Feuervogel

FEUERTANZ
Die russische Folklore kennt auch noch viele andere Feuervogel-Märchen. Eines davon diente als Vorlage für das berühmte Ballett mit der Musik von Igor Strawinsky. Es wurde 1910 in Paris uraufgeführt; Leon Bakst entwarf die Kostüme.

GOLDENER PIROL
Eine glänzende gelbe Feder des Pirols, eines scheuen Vogels, der in den Wäldern Europas und Zentralasiens lebt, könnte den Anstoß zur Erfindung der Sage vom Feuervogel gegeben haben.

ES WAR EINMAL ein mächtiger Zar. Er hatte einen jungen Jäger namens Iwan in seinem Dienst, der Besitzer eines sprechenden Pferdes war. Als Iwan eines Tages durch den Wald ritt, erblickte er auf dem Weg eine goldene Feder, die wie eine Flamme leuchtete. Es war eine Feder des Feuervogels. „Lass die Feder liegen!", sagte Iwans Pferd. „Wenn du sie dir holst, holst du dir Ärger." Doch Iwan fürchtete Ärger nicht. Er hob die Feder auf und gab sie dem Zaren.

„Diese Feder ist so schön", fand der Zar, „dass ich den ganzen Vogel haben muss. Wenn ich den Feuervogel nicht bekomme, verlierst du deinen Kopf."

Iwan ging zu seinem Pferd und weinte bittere Tränen. Das Pferd sagte: „Ich hatte dich ja gewarnt. Aber weine noch nicht. Der *richtige* Ärger kommt erst noch. Geh zum Zaren und bitte ihn, über einem Feld hundert Sack Getreide ausschütten zu lassen." Iwan tat es. Am nächsten Tag ritt er zu dem Feld hinaus und versteckte sich hinter einem Baum. Bei Sonnenaufgang hörte Iwan ein Rauschen wie von Meereswellen. Das waren die Flügel des Feuervogels. Als er sich auf dem Feld niederließ, trat das Pferd näher und stellte einen Huf auf seinen Flügel. Iwan fesselte den Vogel und brachte ihn dem Zaren.

Der Zar war von seinem neuen Spielzeug entzückt und adelte Iwan. Dann aber sagte er: „Wenn du den Vogel so schnell fangen konntest, kannst du mir auch eine Braut holen. Hinter dreimal neun Ländern, am Rande der Welt, lebt Prinzessin Wassilissa. Bring sie zu mir und ich werde dich reich machen.

Iwan sieht die Feder des Feuervogels.

Iwan

Iwans sprechendes Pferd

Der Feuervogel lässt sich bei den Körnern nieder.

Iwan und der Feuervogel · Russland

Gelingt es dir nicht, verlierst du deinen Kopf!"

Iwan ging zu seinem Pferd und weinte bittere Tränen. Das Pferd sagte: „Ich hatte dich ja gewarnt. Aber weine noch nicht. Der richtige Ärger kommt erst noch. Geh zum König und bitte ihn um ein Zelt mit goldenem Dach und Proviant für die Reise."

Danach bestieg Iwan sein Pferd und ritt durch dreimal neun Länder zum Rand der Welt; dorthin, wo die flammend rote Sonne aus dem tiefen blauen Meer steigt. Auf dem goldenen Sand zügelte er sein Pferd und sah aufs Meer hinaus. Dort draußen ruderte Prinzessin Wassilissa ein silbernes Boot mit goldenen Rudern. Am Übergang zwischen Grasland und Strand stellte Iwan sein Zelt auf. Mit dem köstlichen Proviant, den der Zar ihm mitgegeben hatte, bereitete er ein Fest vor. Dann setzte er sich und wartete auf die Prinzessin.

Als Prinzessin Wassilissa das goldene Dach des Zelts erblickte, ruderte sie dem Ufer zu. Bald stieg sie aus ihrem Boot und Iwan hieß sie willkommen: „Sei mein Gast und koste die guten Weine, die ich aus fernen Ländern mitgebracht habe." Die Prinzessin kam ins Zelt. Sie aß mit Iwan von den köstlichen Speisen, trank von dem guten Wein, unterhielt sich fröhlich mit ihm und lachte. Es dauerte nicht lange und sie wurde müde. Sobald sie eingeschlafen war, baute Iwan das Zelt ab. Die schlafende Prinzessin vor sich im Sattel, ritt Iwan nach Hause. Sein Pferd flog so schnell dahin wie ein Pfeil.

Der Zar war überglücklich, die Prinzessin zu sehen. Er belohnte Iwan mit Gold und Silber und gab ihm einen noch bedeutenderen Adelstitel. Prinzessin Wassilissa aber war über die Heirat mit dem bösen alten Zaren nicht erfreut.

RAND DER WELT
Ivans Reise zum „Rand der Welt" könnte ihn bei Sonnenaufgang an die Providenija-Bucht (oben) nahe der Ostspitze Sibiriens geführt haben.

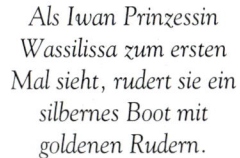

Als Iwan Prinzessin Wassilissa zum ersten Mal sieht, rudert sie ein silbernes Boot mit goldenen Rudern.

Iwan entführt die schlafende Prinzessin.

Der grausame Zar freut sich, die Prinzessin zu sehen, doch sie ist sehr traurig.

WAHRE LIEBE

DIE ZAREN
Das Wort „Zar" ist von „Caesar" abgeleitet, dem Beinamen der römischen Kaiser. Die Zaren herrschten von 1547 bis zur Russischen Revolution im Jahre 1917 über Russland. Die grausamsten unter ihnen waren Iwan der Schreckliche und Peter der Große (oben). Sie waren absolute Herrscher und besaßen uneingeschränkte Macht über ihre Untertanen – wie der Zar in diesem Märchen.

SCHLAUE KRABBE
In vielen Kulturen gilt die Krabbe als gerissen und listig – vielleicht, weil sie seitwärts geht. In diesem Märchen verhindert ein gut gezielter Huftritt alle Krabbenlisten!

Sie sagte: „Ich kann nur in meinem Hochzeitskleid heiraten. Es liegt tief unten am Meeresgrund unter einem Stein." Der Zar befahl Iwan: „Bring das Hochzeitskleid der Prinzessin her. Sonst verlierst du deinen Kopf." Iwan ging zu seinem Pferd und weinte bittere Tränen. Das Pferd sagte: „Ich hatte dich ja gewarnt. Aber weine noch nicht. Der *richtige* Ärger kommt erst noch. Steig auf. Ich bringe dich zum Meer."

Am Strand trat das Pferd auf eine große Krabbe, die gerade aus dem Meer gekrabbelt war. Die Krabbe sagte: „Verschone mich bitte! Ich tue, was du willst."

Iwan sagte: „Bring mir das Hochzeitskleid von Prinzessin Wassilissa. Es liegt tief unten am Meeresgrund unter einem Stein."

Die Krabbe stieß einen rauen Schrei aus und aus dem Meer krabbelten tausende von Krabben. Ihr König schickte sie zum tiefen Meeresgrund. Eine Stunde später kehrten sie mit dem Hochzeitskleid der Prinzessin zurück. Iwan brachte es dem Zaren und der sagte zu der Prinzessin: „Wirst du mich nun heiraten, Prinzessin Wassilissa?"

„Ich heirate Euch nur", erwiderte die Prinzessin, „wenn Ihr Iwan befehlt, in einen Kessel mit kochendem Wasser zu springen."

Der Zar war so begierig, die Prinzessin zu heiraten, dass alles, was Iwan für ihn getan hatte, nicht mehr zählte. Er ließ einen Kessel Wasser aufs Feuer stellen. Als das Wasser kochte, wurde der Kessel gebracht.

Dies ist der Ärger, vor dem mich mein Pferd gewarnt hat, dachte Iwan. Hätte ich nur auf es gehört! Zum Zaren sagte er: „Ich möchte mich von meinem treuen Pferd verabschieden." Der Zar gestattete es und Iwan ging zu seinem Pferd. Er legte ihm die Arme um den Hals.

Der Krabbenkönig

Iwan bittet den Krabbenkönig, das Hochzeitskleid der Prinzessin vom Meeresgrund zu holen. Tausende kleiner Krabben erfüllen den Befehl ihres Königs.

Iwan und der Feuervogel — Russland

„Warum weinst du", fragte das Pferd.

„Der Zar will mich bei lebendigem Leibe kochen", schluchzte Iwan.

„Wein noch nicht. Es gibt Schlimmeres", sagte das Pferd. Dann umgab es Iwan mit einem Schutzzauber, so dass das kochende Wasser

Die Prinzessin will den Zaren nur heiraten, wenn Iwan in den kochenden Kessel steigt.

Durch einen Zauber wird Iwan im kochenden Wasser jünger und schöner.

Iwan verabschiedet sich von seinem treuen Pferd.

Der alte Zar springt in den Kessel, weil er glaubt, das kochende Wasser würde ihn jünger und schöner machen.

GEHEIMNISVOLLER TOPF
Der Kessel ist immer wieder Symbol für magische Verwandlungen, Fruchtbarkeit und Wiedergeburt. Früher war er ein wichtiges Werkzeug von Hexen und Zauberern. Der Kessel in diesem Märchen kann durch Zauberkraft verjüngen – aber nur den Helden.

BÖSER ZAUBERER
Der Bösewicht anderer Feuervogel-Märchen ist ein böser Zauberer namens Koschej der Nichtsterbliche, hier von A. Alexejew gezeichnet. Koschej kann nur sterben, wenn ein Ei zerbricht, das das Geheimnis seiner Macht in sich birgt.

ihm nicht schaden konnte. Iwan wurde in das sprudelnde Wasser geworfen, aber er stieg wieder heraus und war nur noch jünger und schöner geworden.

Der Zar meinte, das kochende Wasser hätte Iwan sehr gut getan. Wenn ich auch in den Kessel springe, dachte er, werde ich wieder jung und stark. So sprang er in den Kessel und kochte zu Tode.

Iwan wurde als sein Nachfolger zum Zaren gekrönt. Er heiratete die Prinzessin und zusammen lebten sie glücklich bis an ihr Lebensende.

WAHRE LIEBE

Der schwarze Stier von Norwegen

IN NORWEGEN lebte vor langer Zeit eine Dame, die drei Töchter hatte. Eines Tages sagte die Älteste zu ihrer Mutter: „Mutter, back mir einen Bannock und brate mir einen Collop, denn ich will fortgehen und mein Glück suchen." Ihre Mutter tat es und das Mädchen ging zu einer alten hexenden Waschfrau und sagte ihr, sie sei gekommen, um ihr Glück zu suchen. Die Hexe erwiderte, sie solle sich in die Hintertür stellen und Wache halten; dann werde ihr Glück schon kommen. Am dritten Tag kam ein gut aussehender Mann in einer dreispännigen Kutsche. „Der ist für dich!", sagte die Hexe. Das Mädchen stieg in die Kutsche und fuhr davon.

Die Hexe

Der Stier und das Mädchen

Die Burg des Bruders

Ein Dreispänner holt das älteste Mädchen ab.

Für die zweite Tochter kommt eine zweispännige Kutsche. Die Jüngste aber wird von einem zottigen schwarzen Stier abgeholt.

HAUSMANNSKOST
Die Töchter verlangen das, was man in Schottland immer auf Reisen aß. *Collop* ist eine Fleischscheibe und *bannock* ein ungesüßter Haferkuchen. Bannocks wurden wie hier auf dem Foto auf erhitzten Eisenblechen gebacken.

Am nächsten Tag kam die zweite Tochter zu der Hexe. Als sie aus der Hintertür schaute, sah sie einen gut aussehenden Mann in einer zweispännigen Kutsche kommen. „Der ist für dich!", sagte die Hexe.

Dann bat die dritte Tochter die Mutter um Reiseproviant. Sie ging zu der alten hexenden Waschfrau und passte ebenfalls an der Hintertür auf, um ihr Glück kommen zu sehen. Am ersten Tag kam niemand und auch nicht am zweiten. Am dritten Tag raste ein großer schwarzer Stier

Der schwarze Stier von Norwegen · Schottland

brüllend die Straße entlang. „Der ist für dich!", sagte die Hexe. Das Mädchen schrie vor Angst und Entsetzen. Die Hexe aber setzte sie dem Stier auf den Rücken und dieser lief los.

Der Stier lief und lief, bis das Mädchen vor Hunger fast ohnmächtig wurde. Da sagte der Stier: „Iss aus meinem rechten Ohr und trinke aus meinem linken." Sie tat es und fühlte sich bald auf wunderbare Weise erfrischt. Der Stier lief weiter, bis sie zu einer herrlichen Burg kamen. „Diese Burg gehört meinem Bruder", sagte der Stier. „Wir können heute Nacht hier schlafen." Als sie die Burg erreichten, nahmen der Bruder des Stiers und seine Frau das Mädchen bei sich auf und brachten den Stier auf die Weide. Am nächsten Morgen baten sie das Mädchen in einen eleganten Salon und gaben ihr einen schönen Apfel. Sie sollte aber erst hineinbeißen, wenn sie in größere Schwierigkeiten käme als je ein Mensch zuvor.

Wieder lief der Stier den ganzen Tag, bis sie an eine zweite Burg kamen. „Diese Burg gehört meinem zweiten Bruder", sagte der Stier. „Wir können heute Nacht hier schlafen." Am nächsten Morgen gaben die Burgherren dem Mädchen eine schöne Birne. Sie sollte aber erst hineinbeißen, wenn sie in größere Schwierigkeiten käme als je ein Mensch zuvor. Nachdem der Stier auch den dritten Tag gelaufen war, kamen sie an eine Burg, die größer als die beiden anderen war. „Hier lebt mein jüngster Bruder", sagte der Stier. In dieser Burg erhielt das Mädchen eine schöne Pflaume – zusammen mit der Warnung, erst hineinzubeißen, wenn sie in größere Schwierigkeiten käme als je ein Mensch zuvor. Auch am nächsten Morgen lief der Stier mit dem Mädchen auf dem Rücken weiter. Vor einem dunklen Tal hielt er an und setzte das Mädchen ab. „Jetzt muss ich gegen den Teufel kämpfen. Setz dich auf den Stein und bewege dich nicht, bis ich wieder zurück bin. Wenn du dich auch nur ein klein wenig bewegst, werde ich dich nie wieder finden können. Wenn alles um

Der Bruder des Stiers und seine Frau geben dem Mädchen einen Zauberapfel.

DER MÄCHTIGE STIER
Bei allen Rinder züchtenden Völkern war (und ist) der Stier das Symbol von Kraft und Fruchtbarkeit. Auch im Glauben der Kelten gab es die Vorstellung von der Macht des Stiers. Der Stier aus diesem Märchen hat einige Fähigkeiten, die auch zu einem Gott passen würden; u.a. zaubert er für das Mädchen Speise und Trank herbei und kämpft gegen den Teufel.

REISE IN DIE BERGE
Die Heldin dieses Märchens aus dem Flachland reist möglicherweise nach Norden, vorbei an Burgen wie Dundarave am Loch Fyne, zu den schneebedeckten Bergen des schottischen Hochlands.

WAHRE LIEBE

dich herum blau wird, habe ich den Teufel besiegt. Wenn aber alles rot wird, ist der Teufel der Sieger."

Das Mädchen blieb auf dem Stein sitzen und rührte keinen Muskel. Nach langer Zeit erschien alles um sie herum blau; in ihrer Freude über den Sieg des Stiers bewegte sie aus Versehen ein Bein.

Der Stier war in Wirklichkeit der Herzog von Norwegen. Er war durch Zauberei in einen Stier verwandelt worden und konnte sich nur durch den Sieg über den Teufel erlösen. Aber weil das Mädchen sich bewegt hatte, fand er sie nicht, als er von dem Kampf zurückkam. Das Mädchen blieb lange sitzen und weinte. Dann stand sie auf, doch sie wusste nicht wohin. So wanderte sie einfach weiter, bis sie an einen hohen Glasberg kam. Sie versuchte hinaufzuklettern, aber es gelang ihr nicht. Sie versuchte darum herumzulaufen, aber auch das schlug fehl. Zuletzt kam sie an eine Schmiede. Der Schmied versprach ihr ein Paar eiserne Schuhe, mit denen sie den Berg erklettern konnte; dafür sollte sie sieben Jahre bei ihm arbeiten. Nach sieben Jahren kletterte die junge Frau mit den Eisenschuhen den Berg hinauf.

Oben auf dem Gipfel fand sie sich in der Hütte der hexenden Waschfrau wieder! „Wasch diese Hemden", sagte die Hexe, „und ich helfe dir, deine wahre Liebe zu finden." Die Hexe verriet ihr nicht, dass die Hemden dem Herzog von Norwegen gehörten. Sie waren mit dem Blut des Teufels befleckt worden und der Herzog hatte geschworen, die Frau zu heiraten, die sie rein waschen könne. Die Hexe selbst und ihre Tochter hatten es versucht, aber ohne Erfolg. Dem Mädchen aber gelang es. Die Hexe brachte die Hemden dem Herzog und behauptete, ihre Tochter habe sie gewaschen. So versprach der Herzog von Norwegen, die Tochter der Hexe zu heiraten.

Als die junge Frau merkte, dass sie betrogen worden war, biss sie in den Apfel. Er war mit Gold- und Silberschmuck gefüllt. Sie sagte zur Tochter der Hexe: „Wenn du deine Hochzeit um einen Tag verschiebst und mich heute Nacht in das Zimmer des Herzogs lässt, gehört dies alles dir." Die Tochter war einverstanden. Doch die Hexe bereitete dem Herzog einen Schlaftrunk und das Mädchen konnte ihn nicht wecken.

Im bläulichen Licht sieht sie, dass der Stier den Teufel besiegt hat.

Das Mädchen klettert auf den Glasberg.

Die Hemden werden blütenweiß.

KAMPF MIT DEM TEUFEL
Der Teufel – hier von Frank C. Papé in *The Book of Psalms* (1914) dargestellt – wird in dieser Geschichte besiegt. Im britischen Aberglauben aber ist er allgegenwärtig. Eine hinuntergefallene Gabel zieht ihn ebenso an wie verschüttetes Wasser oder Salz; dann sollte man schnell eine Prise des Salzes über die linke Schulter werfen, ihm in die Augen. Und: Hand vor den Mund beim Gähnen! Sonst fliegt er hinein.

Der schwarze Stier von Norwegen ~ Schottland

Am nächsten Tag öffnete die junge Frau die Birne und fand darin noch kostbarere Juwelen als in dem Apfel. Sie erkaufte sich bei der Hexentochter noch eine Nacht im Zimmer des Herzogs, aber dieser hatte wieder von der Hexe einen Schlaftrunk bekommen.

Am dritten Tag ging der Herzog auf die Jagd. Seine Freunde fragten ihn, warum in den letzten beiden Nächten in seinem Zimmer jemand geweint habe. Der Herzog war verblüfft und erwiderte, er habe nichts gehört. Inzwischen öffnete die junge Frau die Pflaume und fand darin noch kostbareren Schmuck als in den anderen Früchten. Sie trieb den gleichen Handel damit und die Hexe mischte wieder einen Schlaftrunk. Doch der Herzog hatte Verdacht geschöpft und trank ihn nicht.

LISTIGE HEXE
Die hexende Waschfrau, auch „Hühnerfrau" genannt, ist die traditionelle Hexe schottischer Märchen. Sie ist eher eine heilkundige weise Frau, die keinen Schadenzauber, sondern weiße Magie praktiziert; sie ist auch nicht durch und durch böse.

Die Hexe behauptet, ihre Tochter habe die Hemden gewaschen.

Der schlafende Herzog

Das Mädchen erkauft sich Zeit mit dem Herzog.

In der dritten Nacht hört der Herzog das traurige Lied.

Er war gerade eingenickt, als das Mädchen in sein Zimmer kam und sang:
„Sieben lange Jahre diente ich für dich,
den Glasberg bestieg ich für dich,
das blutige Hemd wusch ich für dich,
willst du nicht aufwachen und dich zu mir umdrehen?"

Der Herzog erwachte und drehte sich zu der jungen Frau um. Sie erzählte ihm, was sie seit ihrer Trennung erlebt hatte, und er erzählte ihr alle seine Erlebnisse. Dann jagte er die Hexe und ihre Tochter fort und heiratete das Mädchen. Und wenn sie nicht gestorben sind, dann leben sie noch heute.

Register

A
Alfonsus, Petrus 59
Amor 41
Anansi 98-99
Andersen, Hans Christian 15, 32
Apfel 27, 124
Apuleius 41
Asbjørnsen, Peter Christen 120
Aschenjunge 11, 13, 62, 120-121
„Aschenputtel" 127, 128-131
Aschenputtel 127, 128-131
Australisches Märchen 112

B
Baal Schem Tov 102, 103
„Baba Jaga" 11, 104-105
Baba Jaga Knochenbein 104-105
Ballette nach Märchen 20, 130, 150
Beaumont, Mme de 36
Bibel-Geschichten 95, 109, 111
„Blaubart" 114-117
Blaubart 114-117
   historische „Blaubarts" 115
Brasilianisches Märchen 47
Burg 18, 31, 37, 68, 85, 135

C
Carrière, Joseph Médard 64
Chinesisches Märchen 74
„Cinderella" 128-131
Costa Rica, Märchen aus 42

D
Damper 112-113
„Das arme Mädchen, das Königin wurde" 51, 83-85
„Das Boot, das über Land fuhr" 64-65
„Das ist gelogen!" 51, 62-63
„Das Mädchen, das Perlen auskämmte" 60-61
„Das Mädchen, das sich als Junge ausgab" 11, 87, 94-97
„Das Tanzende Wasser" 91-92
Däumling 23
„Der Dämon im Krug" 102-103
„Der Fliegende Kopf" 106
Der Fliegende Kopf 106
„Der Froschkönig" 11, 24-25
„Der gestiefelte Kater" 11, 69
„Der Mann von Wastness" 138-139
„Der schlafende Prinz" 148-149
„Der Schlangenprinz" 127, 140-143
„Der schwarze Stier von Norwegen" 127, 154-157
Der Singende Apfel 91-92
Der Sprechende Vogel 91-93
„Der Verwandler" 22
„Der wunderbare Brokat" 51, 74-77
Deutsche Märchen 24, 52, 80, 122, 132
„Die endlose Geschichte" 71
„Die Fliege" 70
„Die goldene Gans" 67
„Die kluge Bauerntochter" 83
„Die lahme Füchsin" 11, 26-28
„Die Schneefrau" 147
„Die Schöne und das Tier" 17, 36-41
„Die Seele und das Herz des Wals" 17, 34-35
„Die Tür des Herzens" 135-137
„Die unbekannte Schwester" 32-33
„Die zertanzten Schuhe" 72-73
„Die Zwillingsbrüder" 118-119
„Doktor Allwissend" 55
Dona Labismina 46-49
Dorfchef Nzambi 118
„Dornröschen" 18-21
Drache 12, 95
„Drei Zauberorangen" 42-43
Dschinn 102

E
„Eine magische Flöte" 112-113
Ellis, Elsie Spicer 49
Engel 56, 102
Englische Märchen 66, 71, 106
Erstes Mädchen 144-145
Eventyr 120

F
Falsche Gesichter 106
„Fauler Jack" 66-67
Feen 13, 18, 29-31, 53, 76, 100, 120
Feen-Patin 130
Feuervogel 150-153
Filme nach Märchen 40, 89, 123, 130
Finnisches Märchen 135
Französische Märchen 18, 36, 88, 114, 128

G
Glück 51, 55, 58, 80, 108, 118
Glücksbringer 80
Goldene Äpfel 27
Goldenes Huhn 110
Goldesel 110
„Goldlöckchen und die drei Bären" 122
Grey, Sir George 101
Griechisches Märchen 148
Grille 51, 55
„Grille, der Wahrsager" 55
Grimm, Jacob u. Wilhelm (Brüder) 15, 20, 25, 27, 67, 83, 110, 122, 131

H
Heiliger Georg 12
Hellster Stern 144, 146
Herzog von Norwegen 156-157
Hexe 12, 104, 157

I
„Ich aß das Brot" 59
Indianermärchen 106, 144
Indisches Märchen 140
Inuit-Märchen 34
Iranisches Märchen 56
Irisches Märchen 29, 83
Italienisches Märchen 90
Iwan 150-153
„Iwan und der Feuervogel" 150-153

J
Jack, 11, 107-111
   Fauler 51, 66-67

„Jack der Riesentöter" 121
„Jack und die Bohnenranke" 11, 107-111
Jamaikanisches Märchen 98
Jamie Freel 29
„Jamie Freel und die junge Dame" 29-31
Japanische Märchen 23, 147
Jüdisches Märchen 103

K

Kahukura 100-101
„Kahukura und die Feennetze" 100-101
Kapverdisches Märchen 72
Kenianisches Märchen 22
„Kleiner Ein-Zoll" 23
Kleiner Ein-Zoll 23
Kongolesisches Märchen 118
Koschei der Nichtsterbliche 153
„Krähenmann" 98-99
Krähenmann 87, 98-99

L

La Fontaine 28
Liebe 124, 127
Luemba 118-119

M

Maori-Märchen 100
Märchen
  Märchen-Sammler 14-15
  Geschichte des Märchens 10-13
Märchen aus 1001 Nacht 27, 102, 148
Maria 46-49
Mavungu 118-119
Mbokothe 22
Meerjungfrau 138
Meerwesen 138
Mekka 59
Menschen fressende Riesin 21, 96
Menschen fressender Riese 23
Milchweiß 107
Moe, Jørgen Ingebretsen 120
„Mushkil Gusha" 56-58
Mushkil Gusha 56-58

N

Nagas 143
Naturgeist 76
Niederländisches Märchen 78
Nihon Shoki 44
Nordamerikanisches Märchen 64
Norwegische Märchen 62, 120
Nzambis Tochter 118-119

O

Oisin 44
Oni 23
Opern nach Märchen 40, 43

P

Patupaiarehe 100
Perrault, Charles 14, 18, 69, 88, 114, 115, 128, 130
Pinocchio 61
Portugiesische Märchen 60
Prinz Fet-Fruners 95-97
„Prinz Nesseln" 68-69
Prinzessin Iliane 96-97
Prinzessin Otohime 44
Prinzessin Wassilissa 150-153
Psyche 41

R

„Rapunzel" 132-134
Rapunzel 127, 132-134
Riesentöter 111, 121
Roméro, Silvio 46
„Rotkäppchen" 88-89
Rotkäppchen 8, 88-89
Rumänisches Märchen 94
„Rumpelstilzchen" 52-54
Rumpelstilzchen 52-54
Russische Märchen 104, 150

S

„Schneewittchen" 122-125
Schneewittchen 12, 122-125
Schöne 36-41
Schottische Märchen 138, 154
Selkie 138
Severi 135-137
Soliday 87, 98-99
Sonnenlicht 95-97
Spanisches Märchen 59
Spinnen 15, 19, 52
„Sternenjunge" 144-146
Sternenjunge 145-146
Surinamesisches Märchen 30
Swagman 112

T

Teufel 156
Tier (Die Schöne und das ...) 36-41
Tir nan-Og 44
Trinidad, Märchen aus 55
Troll 13, 120
Tschechisches Märchen 26

U

Ungarisches Märchen 68
Urashima 44-45
„Urashima und die Schildkröte" 17, 44-45

V

Vappu 136-137
Verwandlungen 11, 17, 28, 153
Vietnamesisches Märchen 70
„Von dem Fischer und seiner Frau" 51, 80-82

W

Walt Disney 14, 15, 123, 124, 130
„Waltzing Matilda" 112
„Warum das Meer seufzt" 17, 46-49
Weben 74
Wechselbalg 53
„Wettessen mit einem Troll" 120-121
„Wie gewonnen, so zerronnen" 51, 78-79
Wolf 88-89, 94-95
Wunschbrunnen 24

Y, Z

Yeats, W. B. 13
„Yeh-hsien" 128
Zauberer 118

Bildnachweis

l=links, r=rechts, o=oben, m=Mitte, u=unten

AKG Photo: 150ol; British Museum, London 132u ; Dresden Gemäldegalerie, Alte Meister: *Im Wirtshaus,* David Teniers (1610–1690) 79; aus *The Fisherman and His Wife,* P. Hey (1867–1952) 81or ; *Suleiman the Magnificent,* 1530–40 Titian School, © Erich Lessing 96ol; *Peter I, the Great,* I. M. Nikitin (1690–1741) 152ol; *Trat ein Bursche in den Reigen,* 1902, A.P. Rabuschkin 104mlu; *The Witch,* 1870, Hans Thoma 12ur; *The Village of Thy Nguyen, 1958* 70; *Wilhelm IV of Bavaria, Tournament Vienna 1515* 94
American Museum of Natural History: 106ul; 145
© **Bildarchiv Preussischer Kulturbesitz, Berlin**: 15ol
Bildhuset, Ake Eison Lindman: 62
BFI Stills, Posters and Designs: United Artists (1942) 91
The Bridgeman Art Library, London: Chris Beetles Ltd., London: *Trinidad,* v. Albert Goodwin (1845–1932) 55 ; Bible Society, London: *Seven-headed Serpent* , aus dem Buch der Offenbarung, Luther-Bibel (ca.1530) 95; Bonhams, London: *Indian seven-jewelled necklace* 140; British Library, London: *Arabian Nights, "He Saw a Genie of Monstrous Bulk",* v. René Bull (d. 1942) 13or, 102; British Library, London: *Border Detail of a Mermaid and a Tinker* 138ul; Christie's Images: *The Alchemist at Work,* v. David Teniers dem Älteren (1582–1649) 52u; The Maas Gallery, London: *The Stuff That Dreams Are Made Of,* v. John Anster Fitzgerald (1832–1906) 10; Manchester City Art Galleries: *Cupid & Psyche* v. Sir Edward Burne-Jones 41or; Privatsammlung: *Duleep Singh, Maharajah of Lahore,* 1854 v. Franz Xavier Winterhalter (1806–73) 141; Privatsammlung: *Genesis 28: 10 Jacob's Ladder,* Nürnberg-Bibel (1483) 109
Mit Genehmigung der British Library, London: *Shelfmark G17758* 88ol; *Shelfmark C57.a.20* 114
The British Museum, London: 6
© **Neil Campbell-Sharpe**: 38ol
Jean Loup Charmet: 14om ; 104ol
Bruce Coleman Ltd.: Alain Compost 93; M. Diggin 83; Christer Fredriksson 120; Stephen J. Krasemann 144mlu; Gordon Langsbury 78ml; Claudio Marigo 47ur; William S. Paton 155or; Mary Plage 42; Staffan Widstrand 34
Sue Cunningham Photographics: 48ol ; 48ul
Michael Diggin Photography: 83
Ecoscene: James Marchington 138ol
E.T. Archive: 69 ; 72ol
Mary Evans Picture Library: 11ur; 13ol; 15mlo; 18ol; 23; 32ol; 56ul; 61ur 74ul; 99; 121; 122ol; 122ul; 125; 128; 156ml; 161ur
Chris Fairclough Colour Library : 76ul
Ffotograff: © Patricia Aithie 75
The Finnish Tourist Board: 136
Werner Forman Archive: Metropolitan Museum of Art, New York 74ol ; Museum für Volkenkunde 118ol
Fortean Picture Library/Janet & Colin Bord: 24
Garden Picture Library: Brian Carter 54
Ronald Grant Archive: 40ol, 117, 130ul; © Disney Enterprises, Inc. 15mru; © Disney Enterprises, Inc.124
Guildhall Art Gallery, Corporation of London: 157
Robert Harding Picture Library: 18ul; 45or, 49, 135; Kathy Collins 78ul; © Carol Jopp 147or; Mike Newton 92; Ellen Rooney 155ur; Bildagentur Schuster, Schmied 106ol
Michael Holford: 76ol; 143or
Hulton Getty: 84mlu
Hutchison Library: © A. Eames 100
Images Colour Library/Charles Walker Collection: 12ul Palace/NFFC/ITC (courtesy Kobal) 89
Magnum: H. Gruyaert 137
Manchester City Art Galleries: *A Winter Night's Tale,* D. Maclise 14ul
© **Musées Royaux des Beaux Art de Belgique, Bruxelles/**
© **Koninklijke Musea voor Schone Kunsten van Belgie, Brussel**: *Anthropomorphic Landscape, Portrait of a Man,* Dutch School 16. Jh. 11ma
Museum of London: 116
Reproduced by courtesy of the Trustees of the National Gallery, London: *A Grotesque Old Woman,* Quinten Massys (1465–1530) 96ul ; *The Vision of the Blessed Gabriel,* Detail, Carlo Crivelli (ca. 1430/1435–94) 27
Det Nationalhistoriske Museum på Frederiksborg, Hillerod: *Portrait of Hans Christian Andersen,* 1834 Albert Küchler 15or
National Maritime Museum: 61or
Natural History Photographic Agency : E. A. Jones 82
Peter Newark's American Pictures: 65
Peter Newark's Western Americana: 144ol; 146
Opie Collection. Bodleian Library, Oxford: 107or
Oxford Scientific Films: © Paul Franklin 22; © David Curl 112ul; © Jorge Sierra Antinolo 150ml
Panos Pictures: J. C. Callow 118ul
Photostage: © Donald Cooper: 43
Real Academia de San Fernando, Madrid: 111ur
Rex Features: Michael Friedel 72ul; © Ross Bray, Wildtrek Media 112ol
Royal Albert Memorial Museum: 119
Scala: 12or
Science & Society Picture Library: 91 or
The Slide File: 29 ; 30 ; 31
Sotheby's Picture Library: 38ml
South American Pictures/Tony Morrison: 47or
Leslie E. Spatt: 20
Tony Stone Images: 59; Darryl Torckler 101; Hans Peter Huber 81mru; Paul Harris 142; Robert Frerck 143ur
Tate Gallery, London: *Oberon, Titania, and Puck,* ca.1785 William Blake (1757–1827) 13ur
Topham Picture Source: 113
Tokyo National Museum: 45ur
Trip: Ibrahim 57; W. Jacobs 68; N. Price 151; H. Rogers 56ol
Mit freundlicher Genehmigung des Victoria and Albert Museum: 147mru
Rex Whistler: *Reversable Head of Cinderella and the Godmother,* ca. 1935, Estate of Rex Whistler 1996, all rights reserved, DACS 130ol
Rodney Wilson: 16-17m; 50-51m; 85 ; 86-87m; 126-127m
Zefa: 98, 134